基于化学核心观念的教学实践研究

夏向东等◎编著

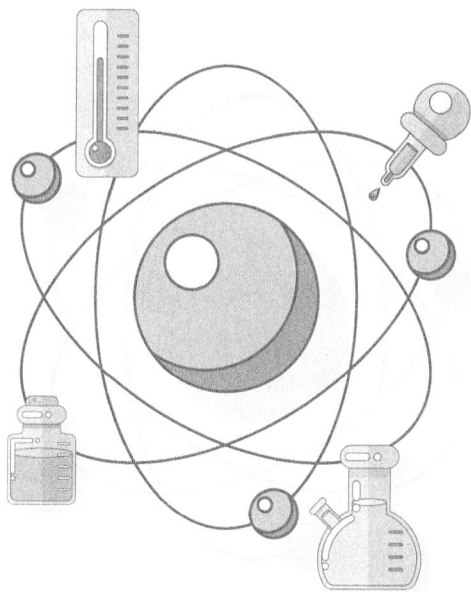

Chemistry

上海交通大学出版社
SHANGHAI JIAO TONG UNIVERSITY PRESS

内容提要

　　基于核心观念建构的教学是落实化学学科核心素养的重要途径,要培养学生用化学学科观点、思路和方法认识物质及其变化规律的能力,使学生能从化学学科独特的视角来分析事物和解决问题,逐步建构化学学科的核心观念;使学生具备化学观念应当成为化学教学有意义的价值追求。为此,本书借鉴已有的研究成果,针对中学化学核心观念这一领域,采用了文献研究,特别是案例研究方法,丰富了基于化学核心观念建构的教学实践。为了较全面反映基于化学学科观念建构的教学理论与实践,全书分为四个部分:第一部分阐明了选题的缘由,总结了国内外相关的代表性的研究;第二部分主要是对化学核心观念体系的理论研究;第三部分介绍了基于观念建构的教学策略与教学设计;第四部分为课题组的教学实践研究案例。

　　本书对化学老师开展观念建构的化学教学研究具有一定的参考价值。

图书在版编目(CIP)数据

基于化学核心观念的教学实践研究/ 夏向东等编著.
—上海:上海交通大学出版社,2018
ISBN 978 - 7 - 313 - 19808 - 2

Ⅰ. ①基…　Ⅱ. ①夏…　Ⅲ. ①中学化学课—教学研究
Ⅳ. ①G633.82

中国版本图书馆 CIP 数据核字(2018)第 168755 号

基于化学核心观念的教学实践研究

编　　著:夏向东 等
出版发行:上海交通大学出版社　　　　　　　　地　　址:上海市番禺路 951 号
邮政编码:200030　　　　　　　　　　　　　　电　　话:021 - 64071208
出 版 人:谈　毅
印　　制:江苏凤凰数码印务有限公司　　　　　经　　销:全国新华书店
开　　本:789 mm×1092 mm　1/16　　　　　　印　　张:9
字　　数:215 千字
版　　次:2018 年 8 月第 1 版　　　　　　　　印　　次:2018 年 8 月第 1 次印刷
书　　号:ISBN 978 - 7 - 313 - 19808 - 2/G
定　　价:38.00 元

化学核心观念的建构对培育学生的化学学科核心素养具有重要价值,化学核心观念是居于学科中心,具有超越课堂之外的持久价值的关键性概念、原理或方法,在本质上体现为对化学问题的概括性认识,它源于具体知识又超越具体知识,对学生的学习和发展有持久、迁移的作用。教学的设计,应突出核心观念的建构,精选典型事实和核心概念,引导学生通过深层次的思维活动和探究活动,促进知识的理解和观念建构,为学生的终身发展奠定基础。

关于化学核心观念的构成体系,从科学研究的基本方法和认识物质及其变化的不同视角,会有不同的分类方法。最常见的是从三个维度划分化学观念:第一维度体现为对物质的认识,即知识类核心观念,如元素观、微粒观;第二维度体现为技能方法,即方法类核心观念,如分类观、实验观;第三维度是情意价值类核心观念,如化学价值观。通过三个维度促进观念建构契合了新课程提倡的"三维教学目标",为实施化学观念教学明确了方向。当然也可以从学生发展核心素养之关键能力、必备品格和价值观来分类。

从课程标准到教材的研究是化学观念教学研究常见的思路,化学核心观念在教材中的渗透具有阶段性、层次性和渐进性的特点。教材注重从情境创设、活动设计、问题设置等多角度渗透化学观念,精选典型"范例"创设真实而有意义的情境,以问题为主线设计多种形式的探究活动。所以,教学中应挖掘教材中内隐的化学观念,理清概念之间的内在联系,增强知识的系统性,宏观把握不同专题的教学以促进学生化学观念的建构。

教学模式的建构与教学案例的开发是研究者关注的焦点。科学、合理的教学模式能够为广大教师实施观念教学提供一个明确的框架,使教学过程有章可循。

为了较全面反映基于化学学科核心观念建构的教学理论与实践,本书分为四个部分。第一部分包括绪论、第一章,该部分是研究的基础。绪论部分阐明了选题的缘由,总结了国内外相关的代表性的研究;第一章简要分析了化学学科的发展与特点,"宏观—微观—符号"是化学学科独具的特点,化学教学应促进学生在三种水平之间自由转换;化学教学离不开教育学、教育心理学相关理论的指导,为此介绍了认知结构理论、认知同化学习理论和建构主义理论的相关要点。第二部分为第二章——化学核心观念的理论建构,主要是对化学核心观念体系的理论研究。本章界定了化学核心观念,总结提炼了中学化学 11 种核心观念,包括元素观、微粒观、变化观、结构性质观、能量观、平衡观、实验观、模型观、分类观、科学本质观和化学价值观。中学化学核心观念具有概括性、科学性、关联性、层级性的特点,化学观念具有认知论价值和教学论价值。第三部分为第三章——基于观念建构的教学策略与教学设计,将观念建构的教学策略分为两个层面,一是依据学科特点的教学策略,二是依据学生认知的教学策略;介绍了促进观念建构的教学模型与教学设计的方法。第四部分为第四章——教学实践研究案例,按照化学学科内容的分类,从"化学基本概念与理论""常见的无机物""常见的有机物"和"化学实验"等四个方面,选取了课题组研究的19个典型案例,丰富了化学核心观念的教学实践研究。

　　本书参阅和引用了许多专家学者的研究成果,虽尽量在注释和参考文献中列出,但可能还有遗漏,在此向他们表示诚挚的谢意。

CONTENTS | 目　录 |

绪　　论

一、问题的提出

清华大学宋心琦教授(2001)指出,"中学化学教学的第一目标是让学生牢牢地、无误地、尽管只是大概地形成化学学科观念。"①化学学科核心观念是对具体化学知识之间的规律的反映,具有概括性和迁移性,它能够将具体的化学知识有机地联系在一起,使学生的思维超越对具体事实的理解,形成对知识的综合运用和迁移的能力。基础教育阶段的化学教学,要培养学生用化学学科的观念、思路和方法认识物质及其变化规律的能力,使学生能够从化学学科的角度去分析事物和解决问题,逐步建构化学核心观念,使学生具备化学核心观念应当成为中学化学教学有意义的价值追求,基于核心观念建构的化学教学是以下几点的需要。

(一)落实化学学科核心素养的需要

《教育部关于全面深化课程改革　落实立德树人根本任务的意见》强调要研究学生发展核心素养,明确学生应具备的适应终生发展和社会发展需要的必备品格和关键能力。化学学科核心素养是学生必备的科学素养,是学生终身学习和发展的重要基础,学科核心素养指向本学科对培养学生核心素养的独特贡献,具有鲜明的学科特点。化学学科核心素养包括"宏观辨识与微观探析""变化观念与平衡思想""证据推理与模型认知""科学探究与创新意识""科学态度与社会责任"5个方面。上述化学学科核心素养将化学知识与技能的学习、化学思想观念的建构、科学探究与问题解决能力的发展、创新意识和社会责任感的形成等多方面的要求融为一体,体现了化学课程在帮助学生形成未来发展需要的正确价值观念、必备品格和关键能力中所发挥的重要作用。东北师范大学郑长龙教授指出,化学学科的核心素养主要是指化学观念和探究能力。因此,基于核心观念建构的教学是落实化学学科核心素养的根本要求。

(二)深化中学化学教学改革的需要

中学化学教学改革提倡在教学中创设学习情境,组织学生进行探究性学习。教学改革的重点不仅是教学方式的改变,更重要的是教学重心的实质性的变动,要重视学生化学核心观念的建构,使学生的化学学习不再停留于符号与机械记忆水平,促使其始终能从化学学科的视角分析事物和解决问题,化学学科核心观念的建构不仅有助于学生对具体知识的理解,也能促进学生思维能力的提升和对学科基本思想的掌握,即可以帮助学生形成持久的学习能力,使学生真正地学会化学,在学生终生发展中发挥作用。

(三)学生对知识的理解和转化的需要

学科观念建构为本的教学能够促进学生对知识的理解和内化。相比以往知识为本的教学,观念为本的教学可以引发学生的深层次思维活动,深化学生对知识的牢固掌握。这是由于化学学科核心观念是以化学具体知识为载体而形成的对化学学科的总体性认识,是以对化学

① 宋心琦,胡美玲.对中学化学的主要任务专论和教材改革的看法[J].化学教育.2001(9):9-12.

具体知识的深层领悟为基础的。学生要形成化学学科核心观念,就要对化学学科中具有广泛代表性的核心概念和原理进行深入的思考和反复的推敲,通过不断地反思、概括使自身对知识的理解以及思维水平更上一层楼,从而达成从具体的知识中获得可迁移的基本理解的目的。因此,在关注学科观念建构的教学中,学生在学习某个具体化学知识时不应该停留在知识的表面简单的字面理解和记忆,而应该深入到知识的内在本质,使学生深入理解具体知识的内涵,形成自己的观点和见解的过程。

同时,学科核心观念建构为本的教学还有助于学生将所学的知识向能力转化。学科核心观念的形成可以引领学生对具体知识及它们之间联系的掌握,因此,学科核心观念的建构可以增大应用范围。比如,如果学生在初中初步建立起结构观,那么他们会对物质的微粒构成非常敏感,倾向于从物质构成微粒的视角来分析他们所接触的所有物质,并将这些物质与他们所掌握的物质进行比较联系,尝试以物质的微粒构成为核心,建立起浩大的知识结构体系。于是,学生从教材中获得的知识就变得活跃起来,可以帮助学生将知识内化为能力,使学生科学素养的水平不断提升。

(四) 学生终生发展的需要

当今社会科学技术飞速进步,已经渗透到我们的日常生产和生活中的每一领域。从化学的视角来看,化学是在原子、分子水平上研究物质的组成、结构、性质、转化及其应用的一门基础学科,其特征是从微观层次认识物质,以符号形式描述物质,在不同层面创造物质。化学不仅与经济发展、社会文明的关系密切,也是材料科学、生命科学、环境科学、能源科学和信息科学等现代科学技术的重要基础。化学在促进人类文明可持续发展中发挥着日益重要的作用,是揭示元素到生命奥秘的核心力量。毫无疑问,化学已经深入到我们生活的每一部分,并广泛影响着我们的生产、生活方式以及考虑事情的思维方式。面对信息的不断更迭,终生学习已经大势所趋。从长远角度来看,化学学科核心观念的形成有助于主导学生今后的发展,帮助学生更好地适应未来的学习、生活和工作。相比传统的知识为本的教学,观念建构为本的教学更加重视学生科学精神、科学方法以及科学态度的培养,即重视学生学会学习、学会思考、学会探究和获取新知识,以及学会搜集和处理各种信息的能力。而这些能力与素养也正是与现今社会同步的必备素质。

二、研究目的与任务

(一) 研究目的

学生在中学阶段的化学学习中,最有价值的不是学习并记忆了多少具体的化学知识和原理,而是通过这些具体知识和原理的学习形成核心观念,能用化学眼光去认识世界,解决问题。化学教学的重要目标是让学生建构化学核心观念,本研究旨在使处于隐性状态的化学核心观念进入师生视野,为开展观念建构的化学教学提供理论支撑和实践案例。

(二) 研究任务

(1) 借鉴国内外研究成果,探讨能涵盖中学化学课程内容的化学核心观念。

(2) 借鉴国内外研究成果,探讨促进学生化学核心观念建构的教学策略与教学设计。

(3) 开展基于化学核心观念的教学实践研究,形成有价值的研究案例。

三、国内外相关研究

随着人们对化学教学本质的不断认识,化学核心观念的研究成为近年化学教学研究的热门议题。对于化学核心观念国内外许多学者都做了不少研究,但不同人对化学核心观念的提法有所不同,研究的角度也不尽相同。探索化学核心观念的形成更是化学教育者的关注焦点。

（一）国内相关研究

我国《普通高中化学课程标准(2017年版)》[①]提到:"结合人类探索物质及其变化的历史与化学科学发展的趋势,引导学生进一步学习化学的基本原理和方法,形成化学学科的核心观念""学科核心素养是学科育人价值的集中体现,是学生通过学科学习而逐步形成的正确价值理念、必备品格和关键能力""化学学科核心素养包括'宏观辨识与微观探析''变化观念与平衡思想''证据推理与模型认知''科学探究与创新意识''科学态度与社会责任'5个方面""上述化学学科核心素养将化学知识与技能的学习、化学思想观念的建构、科学探究与问题解决能力的发展、创新意识和社会责任感的形成等多方面的要求融为一体,体现了化学课程在帮助学生形成未来发展需要的正确价值观念、必备品格和关键能力中所发挥的重要作用"。

清华大学宋心琦教授指出,具体化学知识应该作为化学观念的载体,有了化学基本认知、基本观念,就能轻车熟路地进行接下来的学习,化学基本观念有物质元素观、物质微粒观、微粒运动观。

北京师范大学王磊教授指出,教学的重点不是让学生掌握更多的事实性知识,而是提升学生的思维水平。她提出了新课程中基于核心观念建构的教学设计理念,并在进行高中化学"元素与物质的分类"教学设计时提出了"元素观""分类观""转化观"三个核心观念。

山东师范大学毕华林教授认为,化学核心观念是指学生通过化学学习,在深入理解化学学科特征的基础上所获得的对化学的总观性的认识,其中包括元素观、微粒观、变化观、实验观、分类观、化学价值观,并探讨了这些基本观念的内涵。并将这些化学基本观念分为三类:元素观、微粒观和变化观为化学知识类的基本观念;实验观和分类观为化学方法类的基本观念;化学价值观为化学情意类的基本观念。

山西师范大学梁永平教授指出,化学核心观念是解释物质及其转化规律的独特视角与思维方式。化学科学的核心观念包括元素观、能量观和科学本质观,元素观是从元素视角认识"物质及其转化",能量观是从分子论、原子论、原子结构理论、化学键理论、有效碰撞理论、碳共价键理论等有关"物质及其转化"的微观认识理论中提取的,科学本质观是基于化学科学认识活动的认识论维度的概括。

国内对化学核心观念的界定主要是从化学学科的基本特征及其与其他自然科学的区别来考虑的,主要是针对中学化学来界定的,其中包括:

（1）化学学科的研究对象——物质及其转化,由此得出元素观、变化观、能量观等核心观念。

（2）化学学科的研究层次——原子、分子、离子等,由此得出微粒观。

（3）化学学科的研究方法和认识活动——化学家利用实验、分类、定量、模型等研究方法对"物质及其转化"的探索,由此得出实验观、分类观、定量观、模型观和科学本质观等核心观念。

（4）化学学科的研究目的——促进人类社会的进步和可持续发展,由此得出STSE观念和化学价值观等核心观念。

① 教育部.普通高中化学课程标准(2017年版)[M].北京:人民教育出版社,2018.

（二）国外相关研究

美国于 2011 年发布的《K-12 科学教育框架》，强调学生不仅要学习科学知识，还要建构学科内的核心概念和跨领域的概念，在 21 世纪的课程与教学中，科学知识的日益增长，使得科学教育不能教给学生所有的科学知识，要为学生提供聚焦知识的核心概念，以核心概念为中心构建知识体系，使其能够学会自主学习。

1995 年在美国化学会研讨会上，加拿大著名化学家吉利斯皮（R.J. Gillespie）指出，任何有科学素养的公民都必须懂得化学的基本概念，并将这些基本概念称为"化学主要观念"[①]，在不同的学习阶段化学观念的深度是不同的，对于每一个观念的教学是逐步建构成体系的。

美国 AP 化学课程框架中也提出了 6 种核心观念（big ideas），其中包括：

（1）化学元素是构成物质的基础材料，物质的组成可以被理解为原子的排列，原子在化学反应中保持守恒。

（2）物质的化学性质和物理性质可以通过原子、离子或分子的结构、排列及它们之间的作用力来解释。

（3）物质的变化涉及原子的重新排列或组合，或电子的转移。

（4）化学反应的速率取决于分子碰撞的具体细节。

（5）热力学定律说明了能量的本质作用，解释和预测物质发生变化的方向。

（6）化学键或分子间的引力可以形成也可以被打破，形成与打破之间是动态竞争的，容易受到初始条件和外部条件的干扰。

美国化学会在给中学化学的教学指导建议中提出的化学核心观念（big ideas）包括：

（1）宏观世界其实是原子相互作用的结果。

（2）物质和能量守恒，涵盖原子在化学反应中的重新排列、能量的形式及变化、化学反应的配平及计量等主题。

（3）物质的状态和性质，涵盖元素周期表，气体定律，单质、化合物和混合物，化学键，分子间作用力等主题。

（4）物质的微粒性，涵盖分子运动理论，原子、离子和分子的结构等主题。

（5）平衡和驱动力，涵盖勒夏特列原理、化学反应速率、化学热力学（焓和熵）、酸碱反应、氧化还原反应、燃烧等主题。

美国学者艾里克森（H. Lynn Erickson）认为既能有效地压缩课程，又能保持学科整体性的途径是选择的观念，以核心观念作为课程与教学的主题，核心观念能促进学生思维的整合，促进知识的迁移与运用，如果不围绕核心观念教学，容易造成学生的机械学习、学生的认知水平较低。

国外对化学核心观念的界定主要是对化学学科基本内容和基本概念之间关系的提炼，以及对化学学科思想的提炼，概括起来主要包括：

（1）化学反应。

（2）化学动力学。

（3）化学热力学。

（4）物质的组成及其微粒性——元素、原子、分子、离子。

---

① ［美］R.J.吉利斯皮.化学中的主要观念[J].武永兴，译.化学教育，1998(4)：3-6.

（5）物质的结构决定性质——化学键、分子间作用力、原子结构、分子构型等。

（三）相关研究总结

通过对国内外相关研究的阐述，有的研究侧重于从化学学科特点的角度来进行，有的侧重于从理论的角度来进行，集中于对化学观念内涵的研究、化学观念建构意义的研究，缺乏对化学观念建构的机制的研究，缺乏对如何促进学生建构化学观念的研究。

本研究借鉴以上研究的成果，以化学学科的发展与特点作为化学核心观念的学科基础，以教育心理学、教育科学研究方法的相关内容作为研究的指导理论，探讨能涵盖中学化学课程内容的化学核心观念，探讨观念建构为本的教学策略与教学设计，探讨化学核心观念在教学实践中的运用。

第一章　研究的理论基础

第一节　化学学科的发展与特点

人类在创造和发展自然科学的同时不断孕育着科学观念,化学科学作为自然科学的主要分支,从其诞生伊始,人们的物质观、变化观等化学观念就伴随其中。

一、古代宏观水平

人类用火来烧制熟食、制作陶瓷、冶炼金属,并逐渐学会了酿造、染色等,通过生产和生活实践,了解物质之间能相互作用、发生变化。公元前 2 世纪,炼丹术在古代中国盛行,后来传入欧洲,演化为炼金术,成为近代化学的雏形。古代化学处于宏观水平、经验水平、定性水平,体现着物质转化、物质性质、物质分类的观念。

二、近代过渡时期

16 世纪初,由于欧洲工业的兴起,使得炼金术走向实际运用,在元素概念建立之后,通过实验仪器对燃烧现象进行研究,建立了质量守恒定律和氧化定律,19 世纪初,近代原子论的建立,随后分子学说的提出,使原子分子论得以确立,门捷列夫于 1869 年发现元素周期律,使化学学科具有了严密的体系,近代化学的主要的特点是在定性研究的基础上注重定量研究,研究水平由宏观向微观过渡。

三、现代微观水平

进入 20 世纪后,化学科学得到巨大发展,在认识物质组成、结构、合成、测试等方面都有很大进展,人们通过可见光谱、紫外光谱、核磁共振谱等谱学方法研究物质结构,通过电子显微镜观察微观结构,量子化学理论的发展,使人们对化学微观世界的研究日益深入。

纵观化学学科发展的进程,它有两条发展主线,其一是跌宕起伏、有声有色的化学史实,它是由古往今来的化学大师们上演的一幕幕生动感人的历史剧,其中有成功的喜悦,也有失败的迷茫,不妨称之为明线;其二则是隐藏在这些生动史实背后的化学哲学思想和科学方法的发展史,称之为隐线。

四、化学符号语言

化学符号的思想萌芽于古代希腊和中国,在几千年的漫长岁月里,化学符号随着化学学科的发展不断变化与完善,1813 年瑞典化学家贝采里乌斯(J. Berzelius)在《哲学年鉴》发表了他定义的化学符号,这是化学符号演变过程中的一次巨大变化,这套符号为现代化学语言的形成奠定了基础,今天所用的化学符号已经是全世界通用的化学语言。

归纳化学学科的发展,可以看到化学科学在宏观水平、微观水平、符号语言水平不断向前发展,"宏观—微观—符号"是化学学科独具的特点。

第二节　化学三重表征教学理论

一、约翰斯顿的理论思想

苏格兰格拉斯哥大学的约翰斯顿(A.H. Johnstone)教授 1982 年在"宏观与微观的化学"(Macro and micro chemistry)文章中,首次提出化学教学要在宏观水平和微观水平进行,1991年约翰斯顿教授在"为什么科学那么难,事情不是它看起来那样"(Why is science difficult to learn? Things are seldom what they seem)文章中,倡导化学教学要在"宏观—微观—符号"认知水平同时教学,从而使化学教学变得清晰明了。

约翰斯顿教授认为,化学专业人员和化学教师能不假思索地在"宏观—微观—符号"三种水平之间自由转换,为什么学生感觉学习化学困难,因为传统化学教学通常在宏观和符号水平进行,造成学生的认知停留在这两个水平,难以对化学微观世界建构科学的认知,因此不能在三种水平之间自由转换。化学教学在"宏观—微观—符号"水平同时进行,才是有意义的、真正的化学教学。

二、化学三重表征理论

"宏观—微观—符号"化学三重表征已经逐渐成为最有影响力、最具创造性的思想之一,三重表征已经成为化学教育研究的理论基础,指导着世界各地的化学教学与课程、教材编制者的工作。约翰斯顿的化学教学理论引起了国内众多学者的关注,我国化学教育研究者将其思想理论编译为三重表征教学理论。化学三重表征包括三重外部表征和三重内部表征,其是指宏观知识、微观知识及符号知识外在的呈现形式和在头脑中的加工与呈现形式。有实证研究发现,学生对一些化学核心观念的理解存在相异构想的原因是缺乏三重表征的理解,这就意味着在中学化学教学中要促进学生对三重表征的理解。

从微观结构解释宏观现象是化学学科独有的思维方式,化学学科的特点决定了化学学习中,学习者要从宏观、微观和符号水平对物质及其变化进行认知。加强"宏观—微观—符号"教学,使学生学会从微观水平分析宏观现象,依据宏观现象揭示微观本质,并用符号语言进行表征,实现在"宏观—微观—符号"认知水平的自由转换,化学三重表征教学能促进学生化学核心观念的建构,是观念建构教学必不可少的指导理论。

第三节　现代认知学习理论

一、认知发现说

美国教育学家、心理学家布鲁纳(J.S. Bruner)从多个方面论述了学科结构的重要性。

其一,布鲁纳强调指出学习过程是一种积极的认知过程。他认为学习的实质在于主动地形成认知结构。学习任何一门学科,都有一连串的新知识,每个知识的学习都要经过获得、转化和评价这 3 个认知学习过程。布鲁纳曾经指出,学习一门学科,看来包含着 3 个差不多同时发生的过程。同时他又强调,不论我们选教什么学科,务必使学生理解该学科的基本结构。

其二,他非常重视人的主动性和已有经验的作用,重视学习的内在动机与发展学生的思维,提倡知识的发现学习。他指出,发现不限于那种寻求人类尚未知晓的事物之行为,正确地说,发现包括用自己的头脑亲自获得知识的一切形式或方法。他认为发现学习具有以下一些优点:① 有利于激发学生的潜力;② 有利于加强学生的内在学习动机;③ 有助于学生学会学习;④ 有利于知识的保持与提取。

布鲁纳的认知发现说对中学化学教学是很有启示的,中学化学陈述性知识较多且散乱,网络便于记忆和将来解决问题,必须掌握化学学科的基本结构,按照布鲁纳的学科结构即学科观念的观点,提炼中学化学所蕴含的化学观念,以形成化学学科的基本结构。

二、认知同化说

美国现代认知教育心理学家奥苏贝尔(D.P. Ausubel)提出了独具特色的"有意义学习"理论,即"认知同化说(又称认知—接受)"。新知识的学习必须以已有的认知结构为基础。学习新知识的过程,就是学习者积极主动地从自己已有的认知结构中,提取与新知识最有联系的旧知识,并且加以"固定"或者"归属"的一种动态的过程。过程的结果导致原有的认知结构不断地分化和整合,从而使得学习者能够获得新知识或者清晰稳定的意识经验,原有的知识也在这个同化过程中发生了意义的变化。

用认知结构同化论的观点解释知识的获得、保持和遗忘,奥苏贝尔称新旧知识的相互作用为同化,奥苏贝尔指出新知识要与学生的认知结构相联系,强化学生认知结构中与新知识有关的观念,以促进新知识的学习。依据新旧观念的层次水平的不同,奥苏贝尔提出了三种同化学习方式,即下位学习、上位学习、组合学习,如图 1-1 所示,对于讲授教学,奥苏贝尔提出了逐渐分化的原则,他认为应该先传授统摄性最广的概念,然后逐渐细化。中学化学学科中统摄性最广应该是化学核心观念。

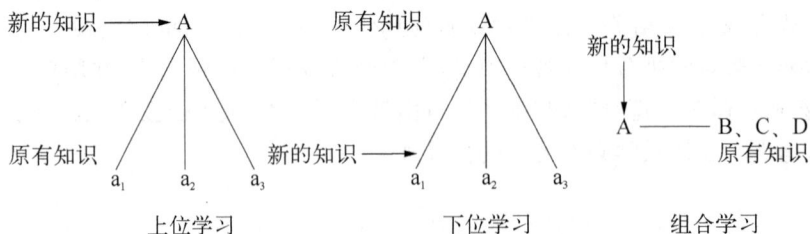

图 1-1　三种同化学习方式

通过对认知结构学习理论和认知同化学习理论的阐述,可以认识到教学要使学生形成学科结构,可以通过同化的方式促进认知结构的形成,这对观念建构的化学教学有很大的指导作用。

第四节　建构主义学习理论

建构主义(Constructivism)是学习理论中行为主义发展到认知主义以后的进一步发展。建构主义认为,世界是客观存在的,但是对世界的理解和赋予意义却是每个人自己决定的。我们是以自己的经验为基础来建构现实。由于个体的经验以及对经验的信念不同,于是对外部世界的理解也各不相同,所以建构主义更关注如何以原有的经验、心理结构和信念为主来建构知识,强调学习者的认知主体作用,又不忽视教师的指导作用,教师是意义建构的帮忙者、促进者,而不是知识的传授者与灌输者。学生是信息加工的主体,是意义的主动建构者,而不是外部刺激的被动接受者和被灌输的对象。

一、建构主义的知识观

建构主义强调知识的动态性,学习者原来的知识经验决定着对知识的建构,随着认知程度的加深而不断地被改写,具体到化学学科中,化学科学知识是化学研究者通过科学探究获得的,以对客观化学现象进行描述、解释和预测,在化学科学探究过程中化学科学知识将不断地被修正和完善。

二、建构主义的学习观

建构主义学习观,强调知识的主动建构,学习者对知识的建构是在具体的情境中与他人交流合作对知识进行建构,因此观念建构的化学教学,必须分享学生原有的知识经验,以便其自主地对知识进行建构,要注重让学生在具体的情境中相互协作,以利于化学观念的建构。

三、建构主义的教学观

建构主义的教学观认为,教学应该促使知识经验的重组、改造和转化,给学生提供丰富的学习资源,促进学生对知识的自主建构,基于建构主义的有支架的教学、合作学习、情境教学等教学模式,在观念建构的化学教学中可合理利用。

建构主义的知识观、学习观、教学观的相关论点新颖而科学,其中对于知识本质的论述,对学生建构知识过程的论述,对于教学方法与策略的论述,将为观念建构化学教学的实施起到不可替代的作用。

第二章　化学核心观念的理论建构

第一节　确定中学化学核心观念的视角

一、化学学科本体的视角

即化学学科的研究对象、研究层次、研究方法、研究目的,化学学科的基本内容和基本特征,化学家探索"物质及其转化"的历程——化学史。化学作为一门相对独立的学科,且被认为是一门中心的自然学科,必然有其自身独特的一面,化学学科的本体是选择和确定中学化学核心观念必须要考虑的最根本的视角。

二、辩证唯物主义哲学及科学哲学的视角

这主要是由哲学与自然科学的普遍性与特殊性的辩证关系决定的,也是落实我国《基础教育课程改革纲要(试行)》①提出的"逐步形成正确的世界观、人生观、价值观"培养目标的必然要求。哲学的根本问题是思维和存在、意识和物质的关系问题。原子、分子、元素、无机物、有机物等是对世界本原及物质世界图景的回答,使得人类对物质世界的认识从物体推进到原子、分子层次,并推进到对生命的起源及本质的认识。化学学科的发展受哲学思想的指导,同时也对人类的思想意识和思维方式产生了重要作用,即便是在无科学可言的炼金术时期也使得人们从思想上追求世界的本原回归到能触、能闻、能嗅、能尝的物质;科学的元素概念正是波义耳脱下蒙在化学身上的唯心主义的外衣,在唯物主义基础上建立的;恩格斯在评价道尔顿的原子论时认为,它能给整个科学创造一个中心;对科学来说,存在某种预先假设的、本质的和必然的东西,像证据、观察、理论、解释、证实等,即那些被称为科学的本质的东西。

三、世界科学教育的发展趋势

我国的化学教育课程改革是我国科学教育改革的一部分,也是世界科学教育改革大潮的一股细流,不可避免地要审视世界科学教育的发展趋势。从国内外对化学核心观念的研究可以看出,国内外的化学教育都在强调核心观念的建构。从国际科学教育的角度来看,也都在强调提高学生的科学素养、培养学生的科学本质观、注重学生的科学观念的建构,《美国 K - 12 科学教育框架》(2012)更是在书名中就提出"Crosscutting Concepts and Core Ideas"(跨学科概念和核心观念),并在内容中列出了七个跨学科概念和四个学科领域(物质科学,生命科学,地球与空间科学,工程、技术与科学应用)的核心观念。

---

① 教育部.基础教育课程改革纲要(试行).教育部门户网站,2001 年 6 月 8 日.

四、化学与其他自然学科的联系

在基础教育阶段,化学、物理、生物、地理等自然科学共同构成完整的科学教育课程体系,不能过分强调化学与其他自然学科的区别,反而应该注重化学与物理、生物、地理等学科的联系,这样才能更好地实现化学教育的目标和科学教育的目标。事实上,在 16 世纪之前是没有独立的化学科学的,现在的化学、物理、生物统归于自然哲学;20 世纪以来,化学与物理学特别是量子力学结合起来,促进了量子化学的发展,使得化学成为实验与理论并重的学科;现在各自相对独立的化学、物理、生物、地理等又相互交叉渗透得越来越密切,产生了物理化学、生物化学、化学生物学、地球化学、天体化学等学科领域,化学学科的中心地位日益显现。因此,不得不在中学化学教学中注重化学与其他自然学科的联系。

第二节　化学核心观念的内涵

一、化学核心观念的界定

化学核心观念是指学生通过化学学习,在深入理解化学学科特征的基础上所获得的对化学的总体性的认识,具体到中学化学教学中,化学核心观念是学生在化学学习中建构的,具体表现为个体主动运用化学思维和方法分析事物和解决问题,化学核心观念既不是化学事实性知识,也不是化学概念和原理,化学核心观念的抽象性和概括性处于更高的水平,其关系如图 2-1 所示[1]。

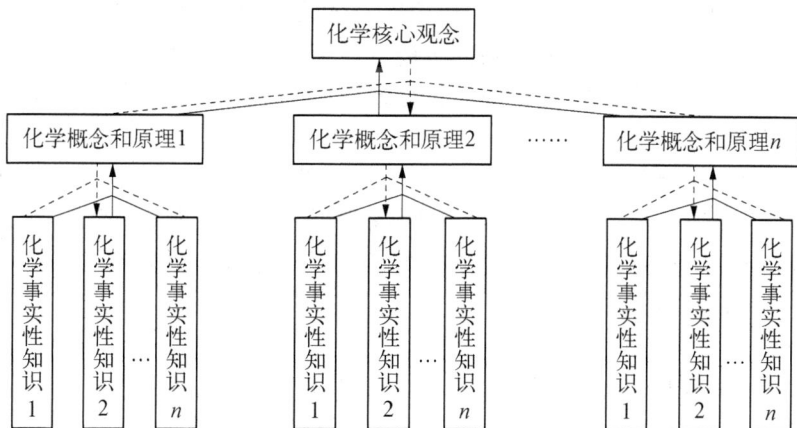

图 2-1　化学事实性知识、化学概念原理与化学观念

二、化学核心观念的内容

基于本章第一节四个方面的视角,结合国内外对化学核心观念的界定,中学化学的核心观念应该包括:元素观、微粒观、变化观、能量观、平衡观、结构性质观、实验观、分类观、模型观、

---

① 翟修华.基于观念建构的高中化学教学理论与实践研究[D].福州:福建师范大学,2016.

科学本质观、化学价值观。

1. 元素观

世界上的物质都是由元素组成的,元素是组成物质的基本成分。100多种元素组成了世界上的数千万种物质;每一种元素对应于一类原子,由于原子不容易发生变化,所以元素不容易发生变化;通常我们见到的物质千变万化,只是原子的重新组合,在化学变化中原子和元素不变(种类不变、质量守恒);元素的性质随着原子核外电子排布呈现周期性变化的规律,元素周期表是这一规律的具体体现形式。

2. 微粒观

物质世界是由分子、原子、离子等微观粒子构成的;微观粒子很小,它们的体积和质量我们无法用常规的量器度量,也不方便用常规的单位表示;微观粒子本身是有能量的、不断运动的、彼此有间隔的;在构成物质的微观粒子中,原子是最为基本的,它既能直接构成物质,又能先构成分子或离子,再由分子、离子构成物质,并且在一般条件下物质发生化学变化时,分子、离子会发生化学变化,而原子保持不变;微观粒子之间存在着相互作用,原子间通过强弱不同的相互作用(化学键、范德华力等)相互共存或结合成分子。

元素观和微粒观是对世界本原的回答,同时体现了化学学科有别于其他学科的独特的元素视角和在原子、分子层次上研究物质的组成、结构、性质及变化的具有定义作用的特征,可以涵盖化学元素,元素周期表(律),原子、分子、离子,化学键和分子间作用力(微粒的结合方式和运动状态),物质的多样性取决于构成的微粒及其结合方式(结构决定性质),生命的化学元素基础等主题。

3. 变化观

物质是不断变化的,变化是有层次的。物质变化的层次随着外界条件的不同而不同,人们通常据此将变化分为物理变化、化学变化、核变化等;化学变化是化学研究的重要内容,其本质是化学键的断裂和形成;化学变化伴随着能量的变化,并以光、电、热等形式表现出来;利用化学变化人们可以获得或消除某些物质,可以储存或释放能量,控制变化的条件,可以使化学变化向着人们希望的方向进行。

化学变化观体现了化学的核心是各种各样的化学变化,同时与物理变化和核变化相区分,可以涵盖各种类型的化学反应及其发生的条件,化学反应的宏观现象(沉淀、气体、温度、颜色等),化学反应原理(活化能、能量效应、化学平衡、化学反应速率及其影响因素等),生命体内的物质变化(化学与健康)等主题。

4. 能量观

化学科学主要研究化学反应中的能量变化或转化,化学能以多种途径与其他形式的能进行转化,并直接参与到整个自然界的能量循环之中,化学科学在能源的开发和利用方面发挥着重要作用;不管是宏观物质还是微观粒子都具有能量,宏观物质化学反应中表现出来的能量变化是微粒作用力发生变化的集合体;化学键的强弱用能量来衡量,由于化学物质微粒间作用方式的不同,化学键的划分类型不同,故能量衡量的角度也就不同。

能量观可以和物理、生物中的能量概念相联系,这不仅体现了学科间的联系,还可以让学生对能量观的理解更加丰满,化学中的能量观可以涵盖原子、分子、电子等微观粒子的能量,化学键的键能,物质的稳定性,化学反应的能量效应,化学能与热能、光能和电能的转换,化石燃料等主题。

5. 平衡观

化学反应的限度在于反应物不能完全转化为产物,从严格意义上来说自然界中的反应都具有一定的限度,并不能完全转化,最终会处于平衡状态。化学平衡存在于可逆反应中,反应物转化为产物的过程中产物也在转化为反应物,并且两个方向进行的速率是相等的;反应条件的改变会使平衡发生移动,勒夏特列在总结大量经验事实上提出化学平衡移动原理,在工业生产中应用广泛;弱电解质存在电离平衡。盐类水解的本质是水的电离平衡被破坏,难溶物质在水中存在沉淀溶解平衡。

6. 结构性质观

微粒间作用力使物质具有了特定的微观结构,物质的结构决定物质的性质,物质的性质反映物质的结构,这种认知方式是化学学科所特有的,人们根据性质需要来设计物质的结构,化学主要研究原子、分子、物质聚集态的结构与性质。

7. 实验观

实验是人类探索未知、发现规律、验证推测的重要实践活动;化学实验是人类认识物质、改造和应用物质、推动化学科学不断发展的主要手段;实事求是、不畏艰辛、持之以恒是对待实验工作的科学态度;科学严谨、系统设计、安全环保是进行化学实验的基本保障;全面地观察、记录实验现象,科学地分析、解释实验结果,将观察与思维紧密结合是完成化学实验必需的基本方法;技术的进步促进了实验手段的更新,从而极大地推进了化学科学的发展。

实验观会出现在物理、化学、生物等学科的学习中,体现了自然科学的共性,体现了人类活动的本质是实践的,实践具有直接现实性、自觉能动性和社会历史性。化学实验是人类实践活动的基本形式之一,全面观察和记录实验现象、基于实验证据说话体现了直接现实性;提出问题、猜想与假设、制订方案、进行实验、收集证据、解释与结论、反思与评价、表达与交流等探究过程体现了自觉能动性;实验器材、实验技术和实验方法的发展体现了社会历史性等。(观察—问题—假设—实验)$_n$—规律—理论—预测—实验—(观察—问题—假设—实验)$_n$的循环体现了实验在科学发展和科学学习中的重要作用。

8. 分类观

分类是一种科学的思维方法,是人们认识事物的一种重要手段;分类所依据的标准不同,分类结果就不一样。通过分类可以更好地认识和把握同类事物的本质;对化学物质可以从多个角度如元素组成、微粒间作用等进行分类;对化学反应可以从得失电子、元素组成等角度进行分类。

分类观也会出现在物理、化学、生物等学科的学习中,因为分类是一种基本的思维方式和研究方法,在不同学科中强调不仅体现了自然科学的共性,还可以使学生对这种思维方式掌握得更好。在中学化学学习中,有对研究领域的分类(无机化学、有机化学、化学反应原理等)、有对化学物质的分类(单质、化合物、混合物等)、有对化学反应的分类(化合反应、分解反应、置换反应、复分解反应、氧化还原反应等)。总之,分类观的提出对化学学习是很重要的。

9. 模型观

模型观念有以下内涵:模型是为了反映客观存在,对于同一客观事物可建立不同模型,模型将被不断地修正和更新,中学阶段涉及模型观的知识理论,如原子结构理论、化学键理论、晶体结构理论等。

10. 科学本质观

化学作为一门基础自然科学,其中的化学概念、原理、理论与模型是为了描述、解释和预测客观存在,基础化学教学应注重学生科学本质观建构,以便冲破思维的禁锢,对化学科学知识进行质疑,在提升全民科学素养的同时着力培养创新性人才。

科学本质观是需要在物理、化学、生物等理科教育中都被强调的重要核心观念,这样才能有效落实提高学生科学素养的科学教育主旨,科学教育的完整性才能得到彰显,自然科学发展的基本特征才能得以体现。另外,科学教育的研究表明,学生很难在"做科学"和探究活动中理解科学本质和科学探究,教师必须采用外显的方法帮助学生反思他们的活动,这是学生理解科学本质和科学探究的最好方法。基于此,在中学化学中提出和外显科学本质观是很有必要的。

11. 化学价值观

化学是在原子、分子水平上研究物质的组成、结构、性质、转化及其应用的一门基础学科,其特征是从微观层次认识物质,以符号形式描述物质,在不同层面创造物质;化学不仅与经济发展、社会文明的关系密切,也是材料科学、生命科学、环境科学、能源科学和信息科学等现代科学技术的重要基础;化学在促进人类文明可持续发展中发挥着日益重要的作用,是揭示元素到生命奥秘的核心力量;化学科学在解决人类所面临的自然和社会问题方面起着关键作用;化学学科能够增进人们对物质世界的认识,对丰富人类的文化有着实质性的贡献;倡导绿色化学,实现自然与社会的可持续、和谐发展是化学科学的价值追求。

第三节　化学核心观念的价值

简单地将化学观念的具体内容记住并不能有效地形成化学核心观念,只有学生亲身体验化学知识的发现过程和应用价值,感悟到化学知识中蕴含的思想、观点和方法,才能将知识转化为观念。所谓"观念建构"教学是指在化学观念的引领下,使学生通过高水平的思维活动,深刻理解化学知识,并通过不断反思、概括、提升,促进化学核心观念的形成。

一、认知论价值

1. 具有持久价值

美国心理学家卡特尔(Cattell)把智力分为晶体智力和流体智力,其中流体智力会随着年龄的增长而减退,晶体智力则不会随年龄的增长而减退。学生建构的化学核心观念作为晶体智力具有持久价值,学生始终能从化学科学的视角认识事物,能依据元素观分析物质的组成,能依据能量观分析化学反应中的能量变化。

2. 具有迁移价值

知识的迁移按其的自动化程度可分为低通路迁移和高通路迁移,高通路迁移是将某一情境下习得的抽象知识运用到新的情境中,学生建构的化学核心观念具有高通路迁移价值,例如结构性质观的结构,当学生了解到二氧化硅晶体中原子以共价键相连,使得二氧化硅硬度很大、熔点很高,再学习其他原子晶体之时,学生就会思考会不会有类似的性质。

3. 发展思维能力

观念建构的教学能够有效地激发学生深层次的思维活动,增进对知识的深刻理解。学生在建构化学核心观念的过程中,为了深入理解和掌握所学知识,需要对学科领域中那些最具学科特征的事实、概念和原理进行深入的探究和思考,使自己的理解和思维达到高层次的抽象概括水平。

在学习了大量金属元素、非金属元素单质及其化合物的事实性知识基础上，将物质元素观、物质变化观、能量观作为元素化合物知识的聚合器，学生归纳物质的组成、物质之间的转化规律、物质转化过程中的能量变化，促进学生对元素化合物知识的深层次理解，促进思维能力的发展。

4. 促进有意义学习

化学核心观念的结构可促进学生有意义的学习，在学习质量守恒定律时，机械记忆参加化学反应的物质总质量等于生成物质的总质量，认知比较肤浅而不能理解微观本质，强调元素观、微粒观及变化观的建构，在微观水平分析反应过程中的元素守恒、原子守恒，使学生的认知深刻而有意义。

二、教学论价值

1. 促进学生学习方式的转变

化学核心观念是化学知识背后的思想和观点，是对化学知识深层次的挖掘，它具有体验性和内隐性，不可能通过机械记忆的学习方式来获得。因此，在化学教学中实施"观念建构"教学所带来的最大变化，首先是学生学习方式的转变，这种转变是从根本上对"知识本位"教学模式下的接受式学习的超越。

2. 促进教师专业发展

化学教师要意识到教学内容深度和广度的变化，教师自身需要建构高水平的化学核心观念，从更高的学科理论水平驾驭中学化学教学，教师成为化学教学的研究者，从而促进教师专业发展。

3. 初中、高中化学教学衔接

初中化学课程内容和高中化学基础型课程内容（必修课程）、拓展型课程（选修课程）内容是螺旋式上升的，学生对化学核心观念建构的水平也是螺旋式上升的，以学生化学核心观念的建构作为教学线索，将初高中的化学事实性知识、化学概念和原理进行整合。

4. 中学和大学教学衔接

目前中学化学的内容层次与大学化学的内容层次有很大的脱节，大学的教学内容大部分都是以化学理论呈现的，而中学化学大部分都是具体的事实性知识，中学阶段化学核心观念的建构有利于学生今后更好地接受大学化学理论的学习。

5. 精简课程内容

在 21 世纪的课程与教学中，知识内容的日益增长，使得科学教育不能教给学生所有的科学知识，化学核心观念建构的教学为学生提供聚焦知识的核心概念，以化学核心观念作为核心统领中学化学课程内容是精简课程内容的有效途径。

第四节　化学核心观念建构的机制

化学核心观念的形成既不可能是空中楼阁，也不可能通过大量记忆化学知识自发形成，它需要学生在积极主动的探究活动中，深刻理解和掌握有关的化学知识和核心概念，在对知识的理解、应用中不断概括、提炼而形成。

一方面从所需要的素材来看,必须有合适的、能有效形成化学核心观念的核心概念以及能形成这些核心概念的具体的化学知识;另一方面,从形成的过程来看,必须充分调动学生思维的积极性,使学生在积极主动的探究活动中,深刻理解有关的知识,并通过具体应用,不断提高头脑中知识的概括性水平。化学核心观念是化学观念体系中最本质的,它需要在不断的学习、思考和实践中而逐渐丰富、完善和发展。

一、化学核心观念的建构过程

1. 化学事实性知识的记忆

化学学习从具体知识点或实验事实开始,通过教材阅读、教师讲解、化学实验活动等方式,学生对化学事实性知识进行记忆,虽然学生能在当前情境中理解所学知识,但是不能迁移应用到其他学习情境中,学生对化学知识的认知处于较低水平。

2. 化学概念和原理的理解

随着化学事实性知识的不断积累,学生意识到很多化学事实可以用相同概念或原理解释,在反思概括过程中逐步理解化学概念和原理;另一方面,学生将化学概念和原理迁移应用到化学事实性知识学习中,从而达到对化学概念和原理的深入理解。

3. 化学核心观念的建构

学生运用化学概念和原理来分析和解决化学问题,并将化学概念和原理进行分类整合,在此过程中逐渐建构化学核心观念;另一方面,学生将化学核心观念迁移应用到化学事实性知识、化学概念和原理的学习中,从而提升化学核心观念建构的水平。

基于以上分析,用图 2-2 表示化学核心观念建构过程,根据奥苏贝尔的学习理论,从左到右的学习过程属于上位学习,从右到左的过程属于下位学习。根据科学学习方法,从左到右的学习方法属于归纳法,从右到左的学习方法属于演绎法,通过这两个过程从而达到对化学核心观念的建构。

图 2-2　化学核心观念建构的过程

二、影响观念建构的因素

1. 教师核心观念建构的水平

教师不具备清晰的化学核心观念,或者化学核心观念的建构水平低,致使化学核心观念建构的教学处于低层次的水平,以致学生的学习倾向于对知识的机械记忆。当教师核心观念建构的水平处于很高水平,他能够从学科高度驾驭化学教学,融会贯通地使用教科书中的知识,在教学中对知识进行选择与重组,使学生理解知识的内在联系,形成化学学科的认知结构,从而促进学生化学核心观念的建构。例如讲解氧化还原反应时,教师能合理运用化学四大基本反应类型、原子结构等知识,分析四大基本反应与氧化还原反应的关系,以原子结构从电子得失(转移)角度讲解氧化还原反应的本质,提高学生微粒观、变化观、分类观建构的水平。

2. 学生的知识经验与认知水平

学生在最初学习化学的过程中,会运用生活中的经验或其他学科的知识来同化新接触的化学知识,容易造成思维定势,阻碍化学核心观念的建构。例如在初中化学阶段,对等体积水与酒精混合之后总体积进行判断时,学生会使用数学的知识经验进行加和,构成物质的微粒之间有间隙,混合后体积小于相加和,学生已有的知识经验阻碍了学生微粒观的建构;另一个原因是学生孤立、零散的知识在记忆中无条理的堆积,对化学知识没有总体性的认知,不利于建构正确化学核心观念,或者化学核心观念建构水平低,例如在学习离子晶体之后,有的学生依然认为氯化钠是由氯化钠分子构成的,说明学生微粒观建构水平低。

3. 教科书的编排结构与内容

教科书内容的呈现方式影响学生对知识的理解,教科书的编排结构影响学生认知结构的形成与发展,化学学科的知识结构与化学核心观念有着本质联系,教科书的编排能不能将化学学科的知识结构凸显出来,将影响学生化学核心观念的建构。

第三章　基于观念建构的教学策略与教学设计

第一节　基于观念建构的教学策略

一、依据学科特点的教学策略

1. 统领具体知识策略

化学核心观念的建构是遵循认识发展的一般规律,借助于由浅入深的知识教学循序渐进地发展。鉴于核心观念对具体事实、核心概念的依赖性,促进观念建构的教学更加注重对知识的选择和使用,只是教学的重心从讲授记忆知识转移到思考使用知识。这就要求教师在教学某一单元知识教学之前要先于学生实现对本单元知识的观念性理解,以便把具体知识的教学与对单元主题的理解和观念的建构联系起来,增强知识教学的目的性和针对性。

具体分析,促进观念建构的教学要求教师首先要具备学科观念意识,在进行单元知识教学之前能从学科高度对本单元教学内容在学科体系中的地位、作用做出判断,明确本单元教学内容中蕴含着哪些可以帮助学生更加透彻地认识物质及其变化规律的思想方法,将其确定为单元教学的观念目标,为学生的思维活动指明方向。

确定了单元教学的观念目标之后,教师需要根据学生已有经验和教学内容将目标观念转化为基本理解。基本理解是化学核心观念的具体表达,是期望学生在单元知识学习中自我建构的认识或见解,它使单元教学目标更加明确具体。

在此基础上,需要进一步考虑单元中哪些知识能够有效推动学生认知水平向基本理解的层次发展,这是一个对具体知识教学筛选、发现核心概念并用核心概念整合学习材料的过程。核心概念在单元学习中起着突出单元主题、凝聚学生思维的作用,它是架设在事实性学习材料和预设的基本理解之间的桥梁。

2. 突出化学思维方式策略

学生通过化学课程的学习,不仅仅是理解和掌握化学基础知识和基本方法,更重要的是在认识化学学科特点的基础上,形成化学学科的思维方式,促进学生化学核心观念的发展。

化学学科的基本特点是在原子、分子水平上研究物质的组成、结构、性质和变化规律。化学家不仅从宏观上对物质的变化进行观察和描述,更重要的是从微观结构上对其进行解释,以深刻把握物质变化的本质规律。宏观与微观的联系是化学不同于其他科学最特征的思维方式,建立微观世界的想象力是中学化学不同于其他课程的特点,也是其他课程不能替代的。

化学学习的基本领域主要包括可观察现象的宏观世界,分子、原子和离子等微粒构成的微观世界,化学式、方程式和符号构成的符号与数学世界。在教学实践中,重视化学用语教学,引导学生从宏观、微观和符号三种水平上认识和理解化学知识，并建立三者之间内在联系，是促进学生化学学科思维方式形成的一种有效手段。

3. 化学史策略

从化学发展史角度看，化学科学研究是不同文化背景下不同个体的实践活动，跟随化学史的足迹可以发现，新的理论打破已经被普遍认可的理论需要艰辛的过程。运用化学史教学过程中，引导学生了解化学发展过程中所面临的问题，化学研究者为解决这些问题提出了怎样的假说、模型和理论。例如在原子结构的教学中，讲解最具代表性的道尔顿(J. Dalton)、汤姆孙(J.J. Thomson)、卢瑟福(E. Rutherford)、波尔(N. Bohr)等人的理论和模型，不仅加深了学生对原子结构的认识，还能使其体验到化学探究的复杂与艰辛，有利于学生微粒观、化学价值观和科学本质观的建构。

4. 化学实验探究策略

化学实验是探究和学习物质及其变化的基本方法，是科学探究的一种重要途径。化学科学研究需要实证与推理，注重宏观与微观的联系；科学探究过程包括提出问题和假设、设计方案、实施实验、获取证据、分析解释或建构模型、形成结论及交流评价等核心要素。

整体规划实验及探究教学，发挥典型实验探究活动的作用。选取真实的、有意义的、引发学生兴趣的探究问题。改变学生简单动手做实验的现状，强调高阶思维过程。促进学生化学核心观念的建构。

5. 理论模型策略

在化学教学过程中，为了使教学更加直观，让学生容易理解，采用理论模型策略，通常以图片、视频、实物模型等媒介展现出来，在进行质量守恒定律教学过程中，运用分子、原子微观变化示意图，形象地描述化学反应过程中，原来化学键的断裂和新的化学键的形成过程，非常有助于学生对化学反应中微观变化的探析，有利于学生从本质上理解与掌握质量守恒定律的内涵。再如，电解氯化铜水溶液的实验，用不同颜色和形状的小球代表溶液中的不同离子，通电之前这些是自由移动的，通电后氯离子、氢氧根离子向阳极移动，氯离子变为氯分子并聚集为黄绿色气体逸出，铜离子、氢离子移向阴极，铜离子失去电子变成红色的铜单质，从而让学生"看清"实验的原理和本质，促进学生微粒观、变化观等化学核心观念的建构。

6. 科学方法策略

科学方法如比较法、类比法、演绎法、归纳法等，运用到化学教学中会产生良好的效果。在化学教学中依据化学知识内容的特点，选择或组合一种或多种科学方法，以促进学生建构化学核心观念。

7. 化学实践活动策略

在化学教学中适当开展化学实践活动，要将化学知识与其具体的应用结合起来，使学生认识到化学与我们的日常生活、社会、科技和环境是密切联系的，体会到化学学科的魅力所在，以帮助学生建构化学核心观念，体现化学的价值观。可以组织学生从化学与环境等角度，开展化学主题的研究性学习；围绕化学学习中涉及的工业生产，如金属冶炼工业、氯碱工业、硫酸工业、化工合成工业、新材料制造工业等开展实地参观活动，观看从原料到产物所经历的流程，反应需要的高温、高压等条件是如何实现的；此外，还可以组织学生去高校的实验室、研究所参观，激发其对化学科学研究的热情，让学生的认识更加深刻，促进学生化学核心观念的建构。

需要指出的是，上述教学策略之间并不是毫无关联的，对于不同观念的建构，教学策略的选择有倾向性,选择或组合上述教学策略进行化学教学,对学生化学核心观念的建构有事半功倍的效果。

二、依据学生认知的教学策略

1. 先行组织者策略

先行组织者教学策略是奥苏贝尔针对有意义学习内部条件中的认知维度的。具体指学习新知识材料时呈现一种起组织作用的、概括抽象化程度较高的材料,把新的内容与学生已有的知识联系起来,帮助学生组织要想学习的材料。

先行组织者具有教学定向的作用,是为学生学习新知识提供的一个要领和概括的参考框架,并以一种有组织的形式把新的内容、观点、概念和事实纳入该结构框架之中。

在观念建构的化学教学中,运用组织者策略使上位学习、下位学习、组合学习发生,完成新知识与旧知识的同化,丰富学生的认知结构,促进化学核心观念的建构。

2. 创设最近发展区策略

教学首先要考虑学生现有的发展水平,调动学生学习积极性,使其达到可能的发展水平,然后以其达到的水平作为现有发展水平继续创设最近发展区,因此教学创造着最近发展区,学生的最近发展区是逐级上升的,如此使学生达到更高层次的发展水平。

基于观念建构的化学教学,利用最近发展区理论有助于学生对观念的建构。例如,在原电池的学习中,在学生已经知道原电池的构成条件水平上,教师可以提出更高的要求,让学生尝试设计原电池,使学生达到更高的发展水平,促进学生能量观和变化观的建构。

3. 引发认知冲突策略

基于原有的经验知识,学习者可以对结果进行预期,但预期的常常和现实不一致,学习者产生认知冲突感,在认知冲突压力下,学习者进行同化与顺应,消除认知冲突,使新的平衡得以建立。

在观念建构的化学教学中引发学生的认知冲突,促使学生的错误观念转变,从而建构科学的化学观念,例如在弱电解质电离平衡的学习中,由于原有的知识经验,很多学生认为电离平衡是静止状态,可用动画模拟水溶液中离子的状态,使学生认识到化学平衡的动态的平衡,帮助学生建构科学的平衡观。

4. 概念关系图策略

化学概念关系图的实质是以科学命题的形式显示,它能帮助学生弄清大量陈述性知识中的核心概念,通过文字和连线构成的命题形式,生动形象地表现出知识之间的意义联系。概念关系图可以使知识的结构清晰、简洁、明了,体现出化学学科的知识结构,合理使用化学概念图,在促进学生分类观的建构的同时,也有利于学生元素观、变化观等化学核心观念的建构。

如化学键知识逻辑关系,可以用图3-1表示。

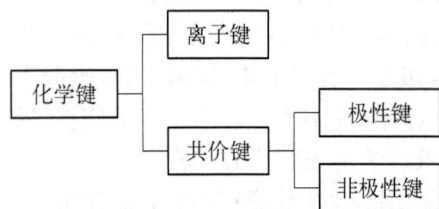

图3-1　化学键知识逻辑关系

5. WWHW架构认知策略

WWHW架构认知是山西师范大学梁永平教授提出的,他认为WWHW架构能够提高化学学习者的认知水平,WWHW架构认知即知识是什么(what),知识价值是什么(what),知识是如何产生的(how),知识为什么是合理的(why),以WWHW架构认知思考问题在提升认知水平的同时,有利于学生化学核心观念的建构和深化。以"物质的量"教学为例,可采用 WWHW 架构认知策略如下:物质的量是什么(what),引入物质的量的价值是什么(what),物质的量是如何产生的(how),物质的量的知识为什么是合理的(why),以此引发学生的认知思考,以帮助学生定量观、微粒观、科学本质观的建构。

第二节　基于观念建构的教学设计

教学设计是联结教学理论与教学实践的桥梁,是教学理论转化为教学实践的重要环节。促进观念建构的化学教学设计是以建构化学核心观念为目的的思维教学设计。它依据课程标准的要求,围绕化学核心观念的形成,对教材内容或事实材料进行加工,设计出有思考价值的问题和有效的探究活动,引领学生通过积极的反思、概括、提升,实现对化学学科本质规律的深刻认识。

一、观念建构为本的教学设计模型

北京师范大学王磊教授等提出的观念建构为本的教学设计模型[①]如图 3-2 所示。

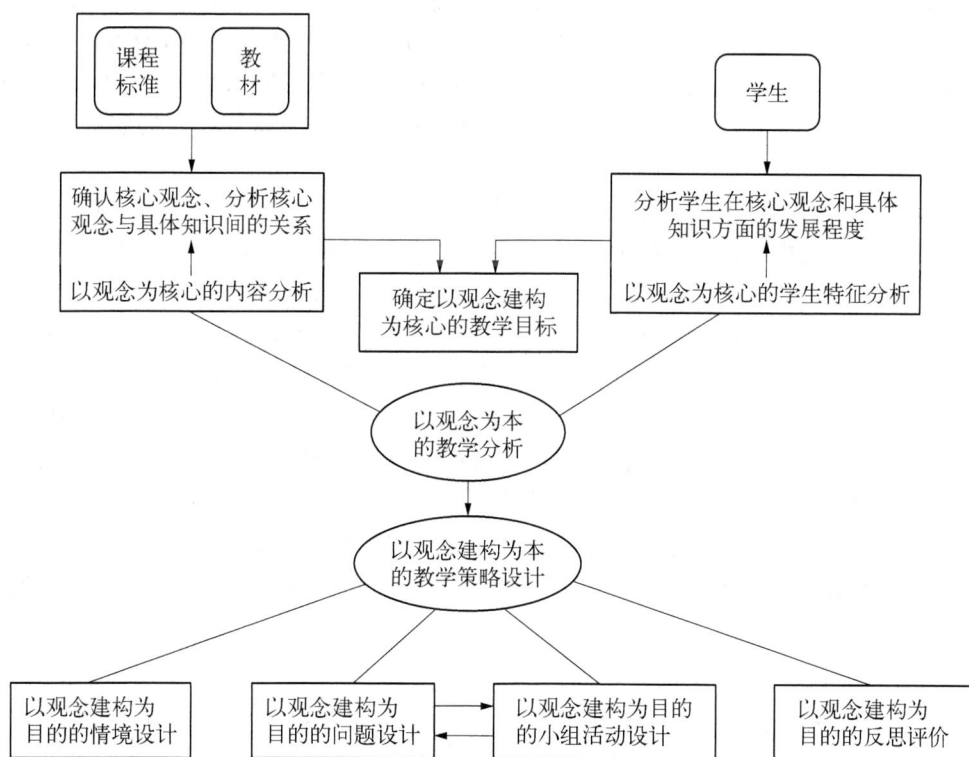

图 3-2　观念建构为本的教学设计模型

---

① 王磊,张毅强,乔敏.观念为本的化学教学设计研究[J].化学教育,2008(6):8.

该教学设计模型包括以观念为本的教学分析和以观念为本的教学策略设计两个过程。第一个过程是教学静态分析,是通过教学内容和学生特征分析来确定合理的教学目标,即是为了明确"教什么"而进行的课前分析。第二个过程是对教学的动态设计,是通过对教学情境、教学问题、学生活动、反思策略的设计,确定采取什么样的方式方法进行教学以实现教学目标的,即是为了明确"如何教"而进行的课前设计。

二、观念建构为本的教学设计

核心观念的建构通常难以通过一堂课的教学来完成。因此,观念建构为本的教学设计,不能立足在一个课时或一节课的教学内容上;而应选择相关内容进行整体的单元设计。这种整体单元设计的教学内容可以是教材中原有的教学单元,这样就可以继续连续的教学,逐步地进行观念建构。如果教学内容不在同一单元,但具有相同的核心观念,可以以核心观念为纽带进行整体教学设计,在不同的教学内容完成同一观念不同水平的建构;虽然教学不连续,但每个教学内容相隔时间不长,同样也能完成观念的建构。

1. 以观念建构为本的教学分析

(1) 以观念建构为本的内容分析。一个教学单元中的知识类型是多样的,可能同时存在事实性知识、概念性知识、过程方法性知识中几种或全部。以观念为核心的内容分析的主要目的就是从这些多样的知识类型中抽取出核心观念,确认哪些具体性知识能支撑核心观念的建构,以及这些知识间层级关系和相互联系如何。进行内容分析的基本流程有两种,一种是采用自下而上的思路:① 知识组成的层次结构分析;② 各层次知识间的相互关系分析;③ 明确核心观念。另一种采取自上而下的思路,即① 明确核心观念;② 分析知识间的层级关系,寻找对核心观念建构起支撑作用的各类知识。

(2) 以观念为核心的学生特征分析。对学生进行分析。一方面分析学生原有观念的水平和原有观念与将要建构的新观念的关系,从而确定新观念建构的起点和相应的教学方式;另一方面,分析学生在和核心观念相关的观念原理、过程方法和事实性知识方面达到了什么水平,从而确定教学中选择什么样的素材来支持核心观念的建构,采取什么样的活动方式进行观念建构。对学生特征分析可以采取"测查法"或"预估法"。测查法是指通过编制一定的试题来测查学生的水平,预估法是指教师根据学生在课堂上的表现和课后作业中的情况估计学生的水平。

(3) 确定以观念建构为核心的教学目标。通过对教学内容的分析和学生特征的分析,就可以确定某一单元在化学观念建构方面的教学目标。例如,"电离平衡"这一单元的教学目标可以确定为:学会应用微粒的观点来解释、分析实际生活和生产中的溶液问题,建立用微粒的观点来分析溶液的一般程序(见图 3 - 3)[①];能判断出溶液体系中的可逆过程,并用平衡的观点来解释该过程中的相关问题。

2. 以观念建构为本的教学流程设计

促进观念建构的化学教学设计应立足于整体内容,在对中学化学课程进行全面、系统分析的基础上,合理筹划各观念分阶段、分层次、有计划地逐步达成;其教学设计是以问题解决为过程目标,以核心观念的建构为最终目标的教学设计。它具有两个特点:一是超越具体事实提炼核心观念,将核心观念外显为基本理解,使核心观念的建构具有可操作性;二是将核心观念

---

① 　王磊,张毅强,乔敏.观念为本的化学教学设计研究[J].化学教育,2008(6):10.

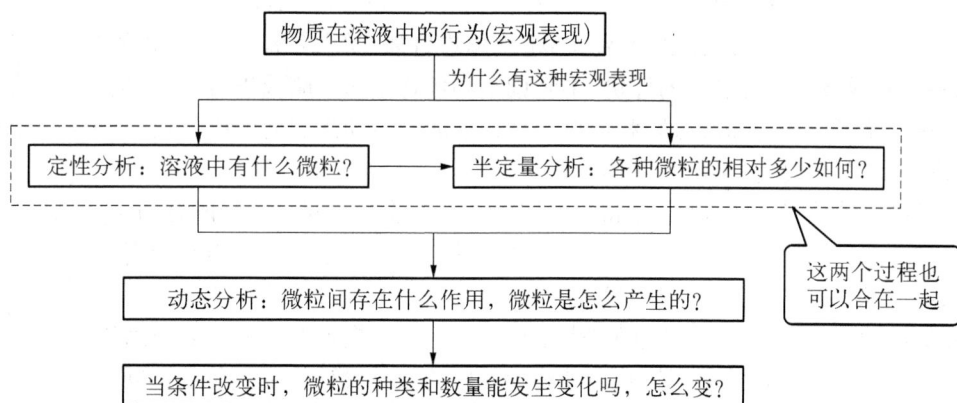

图3-3　用微粒的观点分析物质在水溶液中行为的一般程序

的形成过程情境化、问题化、活动化,以问题为主线贯穿始终。以观念建构为本的教学流程设计包括四个方面:情境设计、问题设计、小组活动设计和反思评价。

(1)情境设计。以观念建构为目的的情境设计关键是要呈现给学生合适的刺激性材料信息。这些刺激材料信息要具备情境设计的一般功能,要能激发学生的好奇心和发现欲,要能引起学生认知冲突,要能引发学生质疑猜想。对于观念建构为本这一教学目的而言,这些刺激材料主要目的是要引起学生观念上的冲突,要能促使学生主动进入分析问题和解决问题之中。

(2)问题设计。以观念建构为目的的问题设计是立足教学目标,尤其是建构或辅助核心化学观念这一目标。按照最近发展区的理论,综合考虑学生原有观念与将要建构的观念之间的差距、学生原有具体性知识与将要学习的具体性知识之间的差距,设计一组有层次的结构性问题,使学生在解决问题的过程中学习具体知识,生成与发展核心化学观念。在进行观念建构为目的问题设计时要遵循以下原则:

一是问题要适合学生的认知水平,使大部分学生通过努力思索、讨论、活动后能够回答,从而充分调动学生思维的积极性。二是问题要有一定的开放性,使学生能从多角度、多个方面进行思考,不同能力水平的学生可以得到层次、范围不同的结论。三是问题本身应该潜在地体现学习者原有知识经验的联系,同时又蕴含着新的关系和规律,这种联系不只是针对问题的表明特征,更主要的是针对问题中的深层关系和结构,即在观念层面上有联系,使学生能在解决问题的过程中寻找与解决问题相关的各种知识,并对化学知识与解决问题之间的联系进行主动思考,探索问题解决的多种方法,从而建构起属于自己的知识结构,建构起新的观念或提升原有的观念水平。

(3)活动设计。以观念建构为目的的小组活动的起点是与一定的情境相联系,活动是促进知识向观念发展的主要途径,能有效地促进学生深层次的认知参与和积极的情感体验。以问题为出发点设计探究活动时,教师要始终思考"什么样的活动将学生的思维引向深入,什么样的活动能让学生领悟到知识背后隐含的思想、方法、观点"。也就是说,要使问题、情境、活动和深层的理解力之间保持统一性,通过问题启动探究、实施探究、反思探究,在问题解决的探究活动中发展学生的思维,以实现观念建构的教学目标。

小组活动设计时要注意把握活动的开放性。要根据学生的原有知识水平和观念水平来选择活动内容和形式。使大多数学生都能进入活动、参与讨论,都能在组内活动中作出贡献。

(4)反思评价。学习任务结束后,要搭建反思交流的平台,提供反思的方向和线索。如,引导学生反思对核心概念的理解得如何,解决问题的思路、方法是怎样的,对基本理解的认识有哪些提升,等等。在这样的反思交流中,得到思想碰撞、观念提升。同时,还要注重对学生学习活动中的表现做出及时恰当的评价,不断调整和优化学习策略及思维方向,促进知识的意义建构。另外,还可以通过课后习题和访谈等途径获取学生观念建构的有关信息,以此为依据帮助学生进一步修正、完善、丰富观念体系。

综上所述,情境设计、问题设计和活动设计应该是连在一起的。以问题为主线创设学习情境和设计探究活动,增强了教学设计的指向性。学习与产生学习的情境具有高度的一致性,只有真实、可信、能引发问题的学习情境,才能为学习者提供一个参与讨论、实验、亲身经历的机会,才能促进学习者对自己"认知框架"做出调整和建构,增进学生对科学概念的理解。因此,为激发学生解决问题的动机和兴趣,促进观念建构的教学设计应围绕驱动性问题,选择合适素材,努力创设能引发学生活动和思考的学习情境。

第三节　基于观念建构教学应注意的问题

一、避免观念建构教学的泛化

化学观念体现着化学学科结构体系,在教学中起到提纲挈领的作用。强调观念建构为本的教学,是为了纠正以往教学中过分重视化学知识的学习,以记忆和积累具体知识为学习目标的做法,但也不能矫枉过正,不考虑具体内容的特点,要求每节课都能形成某种观念,把观念教学泛化。化学知识、化学研究方法和化学核心观念在促进学生发展中都是不可或缺的,知识是学习方法、体验过程、建构观念、培养能力的载体,而观念的形成是会促进对知识的深层次理解。所以,在教学中应该把握知识、方法、观念之间的关系。要根据具体内容的特点设计观念建构的教学,关键在于引领学生从本质上去认识和理解化学知识。

二、防止观念教学形式化

化学学科观念具有认知性、体验性和内隐性。实践证明,观念不是一个被告知的过程,不能强加于学生,学生只能在问题解决过程及反思、评价活动中感悟而逐步达成,即观念需要在教师引导与学生自我建构中形成。学生是否形成某一观念,不在于是否说出相关词句,关键要看学生是否把观念由外在的词语表达变成自己的一种观点、一种信念、一种看问题的思维方式。观念体系不是线性发展的,人们的思想认识不是一成不变的,也不是一步到位的,是随着对事物认识的广度和深度而不断修正完善的。同样,观念建构的教学要遵循渐进性、阶段性等原则,以观念为主线,有目的、有计划、分层次地贯彻在教学的始终。

三、防止观念教学异化

在实际教学中,关键要把握好观念建构的度,不能通过将知识内容前移或增加知识深度来达成核心观念,一定要把握好教学中观念建构的层次;要根据课程标准的目标要求,分析教材中前后单元内容之间的联系,确定本单元知识、方法、观念的层次水平,再依次分解到各节的教学任务之中。

第四章　教学实践研究案例

第一节　化学基本概念与理论教学案例

【案例1】　影响化学平衡移动的因素

教　材：《高级中学课本　化学》高中一年级第二学期（试用本）第6章第2节，上海科学技术出版社

执教者：上海市敬业中学　姚澄

（一）教学设计思路

"影响化学平衡移动因素"教学内容，课程标准要求是理解层次，从教材的编排上看，第6章《揭示化学反应速率和平衡之谜》位于卤素、硫和氮等元素化合物之后，对反应速率和平衡的学习有助于学生对以前的学习内容进行再认识，如：反应的快慢、氯水的成分、氨水的碱性以及初中已学的气体在水中的溶解度等等，并激励学生站在更高的角度来学习化学；同时，化学反应速率和化学平衡原理作为中学化学的重要基础理论之一，其中的平衡观——"动态平衡"思想是各类平衡（溶解、电离、水解等）的核心思想，要指导学生从微观角度分析问题，辩证地看待宏观事物的变化；此外，速率与平衡作为化学学科核心观念也是从动力学和热力学的角度研究化学反应的基本规律。接下来关于工业制硫酸、合成氨条件的选择、盐类和卤代烃、酯的水解等的学习都需要以此为依据。

从学生的学习情况看，他们已经初步了解了溶解平衡，知道可以通过改变某些条件打破溶解平衡状态；完成了化学反应速率的学习，能够判断浓度、压强、温度、催化剂对反应速率（$v_{正}$、$v_{逆}$）的影响，知道化学反应到达平衡状态的标志。

本案例从在教学目标中明确学科核心观念，在问题链的设计中渗透学科核心观念，在活动探究中培养学科关键能力，在问题解决中感悟学科核心观念这四个方面，阐述了在教学过程中体现化学学科核心观念的初步实践。

（二）教学目标和重难点

1. 教学目标

（1）从宏观与微观相结合的角度来理解化学平衡移动的概念和勒夏特列原理，渗透"微粒观""变化观"与"平衡观"；

（2）运用对比实验的方法来研究不同条件对化学平衡的影响，体现"实验观"；

（3）初步运用平衡移动原理解释生活中的相关现象，体现"化学价值观"。

2. 教学重点

影响化学平衡移动的因素。

3. 教学难点

勒夏特列原理的运用。

(三) 教学流程图

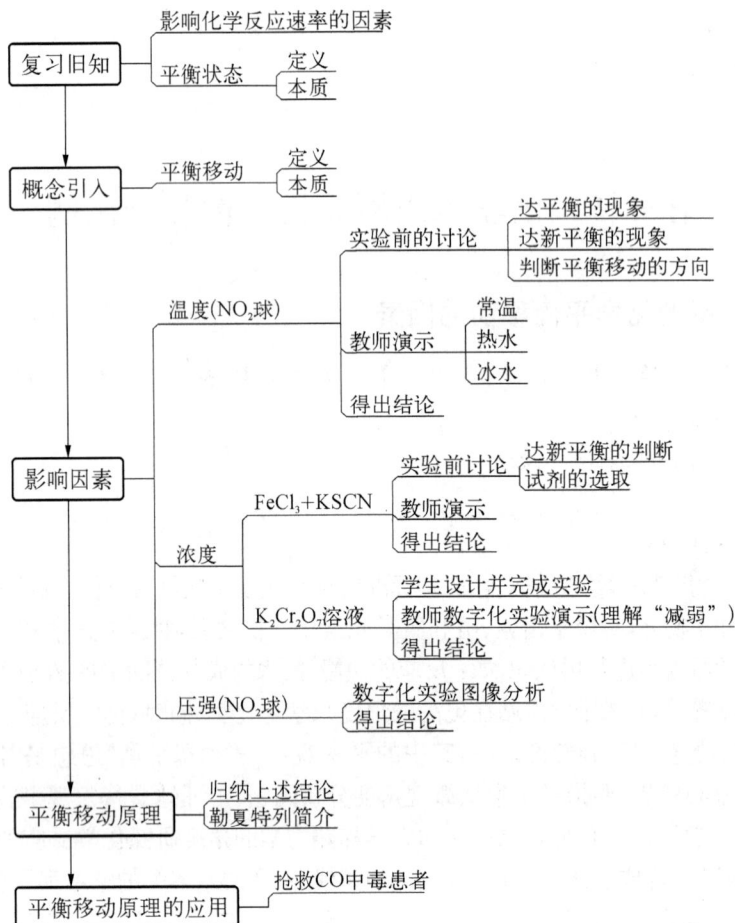

```
复习旧知 ─── 影响化学反应速率的因素
         └── 平衡状态 ─┬─ 定义
                       └─ 本质
   │
   ▼
概念引入 ─── 平衡移动 ─┬─ 定义
                      └─ 本质
   │
   ▼
影响因素 ─┬─ 温度(NO₂球) ─┬─ 实验前的讨论 ─┬─ 达平衡的现象
          │               │                ├─ 达新平衡的现象
          │               │                └─ 判断平衡移动的方向
          │               ├─ 教师演示 ─┬─ 常温
          │               │            ├─ 热水
          │               │            └─ 冰水
          │               └─ 得出结论
          │
          ├─ 浓度 ─┬─ FeCl₃+KSCN ─┬─ 实验前讨论 ─┬─ 达新平衡的判断
          │        │              │             └─ 试剂的选取
          │        │              ├─ 教师演示
          │        │              └─ 得出结论
          │        └─ K₂Cr₂O₇溶液 ─┬─ 学生设计并完成实验
          │                        ├─ 教师数字化实验演示(理解"减弱")
          │                        └─ 得出结论
          │
          └─ 压强(NO₂球) ─┬─ 数字化实验图像分析
                          └─ 得出结论
   │
   ▼
平衡移动原理 ─┬─ 归纳上述结论
              └─ 勒夏特列简介
   │
   ▼
平衡移动原理的应用 ─── 抢救CO中毒患者
```

(四) 教学过程

教学环节	教 师 活 动	学 生 活 动
化学平衡移动的概念	【引入】我们已经学习了影响化学反应速率的因素和可逆反应中的化学平衡 (1) 哪些外界条件会影响反应速率? (2) 化学平衡的特征是什么? 【教师演示】展示 NO_2 球,再将其放入热水中观察现象 【提问】(1) 在现有外界条件下,通过什么现象可以说明该反应达平衡了? 为什么? (2) 放入热水中,有什么现象? 为什么会这样? 【追问】(1) 体系颜色是否会一直变深? 仍处于化学平衡状态吗? 为什么? (2) 能否从化学反应速率的角度分析?	【回忆、回答】 (1) 温度、浓度、压强、催化剂。 (2) 动、等、定 【观察现象,思考】 【回答】(1) 颜色不再发生改变。因为颜色的深浅反映了 NO_2 气体浓度的大小 (2) 颜色变深,说明 NO_2 浓度增大

（续表）

教学环节	教　师　活　动	学　生　活　动
化学平衡移动的概念	【讲解】外界某些条件改变时,原平衡遭到破坏。使得正逆反应速率不再相等,直到建立新的条件下新的平衡状态。这种旧平衡被破坏,新平衡建立的过程就称之为"化学平衡的移动" 　　从刚才的实验中得知,外界条件的改变,只要能够改变速率,使 $v_正 \neq v_逆$,就有可能使平衡发生移动。对于有颜色变化的可逆反应,可以通过颜色的变化探究这些外界条件对化学平衡移动的影响	【思考后回答】 　　(1) 不会。不是原平衡状态,因为 NO_2 的浓度变化了 　　(2) 温度升高,正逆反应速率都增大,但是最终 $v_正 < v_逆$
温度对化学平衡的影响	【提问】(1) 此反应的正反应为放热反应,能否从反应热效应的角度来说明,温度升高,平衡向什么方向移动? 　　(2) 降低温度呢? 【教师验证】将 NO_2 球放入冰水浴中	【回答】(1) 温度升高,平衡向吸热反应方向移动 　　(2) 可能向放热反应方向移动 【观察现象并思考】降温,颜色变浅,说明降温 NO_2 浓度降低,平衡向放热反应方向移动
浓度对化学平衡的影响	环节一: 【讲解】改变浓度也能影响化学反应速率,是否能影响化学平衡呢?研究对象: $Fe^{3+} + 3SCN^- \rightleftharpoons Fe(SCN)_3$（血红色） 【教师演示】在试管中分别加入 4 mL 0.005 mol/L $FeCl_3$ 溶液和 KSCN 溶液,振荡,溶液呈血红色 【提问1】如何判断此可逆反应已经达到平衡状态? 【提问2】如果改变某种反应物的浓度,怎样根据现象判断平衡移动的方向? 【教师演示】将溶液一分为三,并编号:向 1 号试管中滴加 3 滴 1 mol/L KSCN 溶液;向 2 号试管中滴加 3 滴 1 mol/L $FeCl_3$ 溶液;分别与 1 号试管的颜色作对照	【观察】 【回答】溶液的颜色不再发生改变 【讨论后回答】若溶液颜色变深,则说明平衡向正反应方向移动;反之,则向逆反应方向移动 【观察现象,并得出结论】增大任一反应物的浓度,平衡均向正反应方向移动
	环节二: 【提问3】研究对象: $Cr_2O_7^{2-}$（橙红）$+ H_2O \rightleftharpoons 2CrO_4^{2-}$（黄）$+ 2H^+$。根据所提供的试剂,改变生成物中 $c(H^+)$,探究平衡移动的方向与生成物浓度改变的关系	设计并完成分组实验。同时发现增大 $c(H^+)$,溶液颜色无明显变化
	环节三: 【数字化演示实验】增大 $c(H^+)$,得到如下图像: 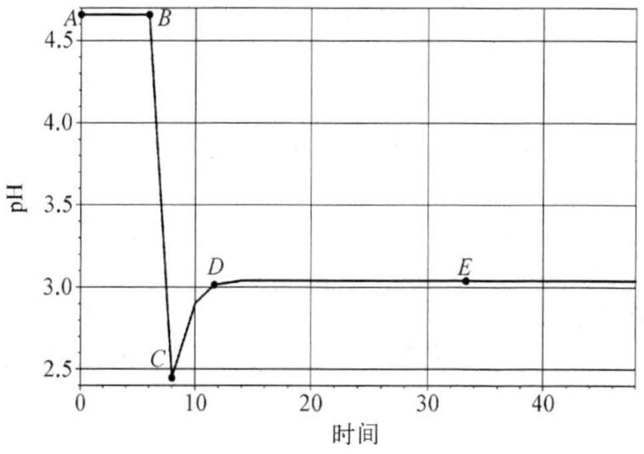 （pH 对时间的图像,纵轴 pH 从 2.5 到 4.5,横轴时间从 0 到 40;曲线上标有点 A、B、C、D、E,A、B 在 4.5 附近,C 在 2.5 附近,D、E 在 3.0 附近）	【观察现象、分析】

教学环节	教 师 活 动	学 生 活 动
浓度对化学平衡的影响	【提问4】从图像上分析,增大 H$^+$ 的浓度,平衡向哪里移动? 【讲解】从变化幅度看相对于高浓度硫酸的加入对溶液 pH 的影响,平衡的移动对溶液 pH 的影响是比较小的。由此看来,平衡的移动只是减弱了加入高浓度硫酸对溶液 pH 的影响 【提问】能否推测减小反应物浓度,平衡向哪里移动?	【讨论后回答】AB、DE 段分别是原平衡和新平衡。BC 段为加入高浓度的硫酸溶液后,溶液中 $c(\text{H}^+)$ 增大,pH 减小,CD 段为平衡向逆反应方向移动 【回答】向逆反应方向移动
压强对化学平衡的影响	【讲解】研究对象:$2NO_2 \rightleftharpoons N_2O_4$。课本实验中所呈现的现象不明显。改为数字化实验,用数据来寻找答案 【数字化实验图像】将压强传感器连接电脑,将注射器中的平衡气体连接传感器。先将气体压缩并保持一段时间,然后再抽拉注射器并保持不变。得到如下压强随时间的变化曲线: 【提问】(1) 从变化幅度看,由体积改变引起的体系压强的改变,和平衡移动的影响相比? 　　(2) 如果反应两边气体体积相同呢?	【观察并讨论】从图像上分析,AB 段为原平衡。BC 增大压强,CD 段为平衡向正反应方向移动;DE 段为减小压强,EF 段为平衡向逆反应方向移动 　结论:对于有气体参加的反应:缩小体积,增大压强,平衡向气体体积缩小的方向移动;增大体积,减小压强,平衡向气体体积增大的方向移动 【回答】(1) 体积改变引起的体系压强的改变更大 　　(2) 平衡不移动
催化剂不影响化学平衡	【提问】加入催化剂能否使平衡发生移动?为什么? 【讲解】催化剂仅影响反应到达的平衡所需要的时间,并不能改变平衡状态	【阅读资料并回答】催化剂能同等程度的改变正逆反应速率。$v_正 = v_逆$,所以平衡不移动
平衡移动原理	【提问】(1) 当温度升高时,平衡向着吸热反应方向移动,体系温度_____ 　　当反应物的浓度增大时,平衡正向移动,反应物的浓度逐渐_____ 　　当压强增大时,平衡向着气体体积减小的方向移动,体系压强_____ 　　(2) 改变体系的温度、反应物或生成物的浓度、有气体参与的反应体系压强都有可能使化学平衡发生移动,能否用一句话总结,改变以上条件平衡向哪里移动呢? 　　(3) 移动多少?是"减弱"、"增强"还是"抵消"? 【归纳】平衡移动原理 【化学史介绍】勒夏特列	【回答】(1) 降低;减小;减小 (2) 向着反方向 (3) 很少,是减弱

（续表）

教学环节	教　师　活　动	学　生　活　动
化学平衡移动原理的应用	【讲解】解决一个生活中问题：万一 CO 中毒了，怎么办？ 　　　　中毒原理（略）。请结合勒夏特列原理进行解释 【结束语】化学平衡无处不在，自然界中的许多现象，人体的健康、饮食等中都存在着各种化学平衡。同学们在课后找找身边的平衡，尝试改变条件，使平衡向着我们需要的方向移动	【讨论后回答】

（五）教学反思

本节课，在教学中渗透化学核心观念具体表现在以下几个方面：

1. 在教学目标中明确学科核心观念

教学目标的制定一般按照三维目标从三个维度展开，即"基本知识与基本技能"（简称"双基"）、"过程与方法""情感态度与价值观"。这三个维度并不是三个并列的目标。结合本节课教学内容，在教学目标中确立学科核心观念的基本思路是：通过掌握基础知识、形成基本技能（理解化学平衡移动的概念和勒夏特列原理），感悟知识产生的过程、掌握学科思维方法（用对比实验的方法来研究不同条件对化学平衡的影响，从宏观与微观相结合的角度来理解化学平衡移动的概念和原理），树立优良的情感态度和正确的价值观（初步运用平衡移动原理解释生活中的相关现象），使学生在化学学科核心观念方面得到发展。

2. 在问题链的设计中渗透学科核心观念

所谓问题链，是教师围绕一定的教学目标，结合学生已有认知水平和认知规律，在教学过程中将学科知识、能力和素养要求转换为具有层次性、系统性、相互独立却又相互关联的系列问题组。问题链是一个有机的教学整体，以链状结构环环相扣，体现问题间的能级增益和学科思维的推进深化[1]。在建立"化学平衡移动"概念这一教学板块中，我结合演示实验设计了递进式问题链（详见上表）。借助于 NO_2 球，由浅入深的设置问题，通过一环扣一环、一层进一层的提问，引导学生对化学平衡移动的概念进行了两重表征，即宏观表征：温度改变后，该反应体系的颜色发生了变化，表明反应体系中某有色物质的浓度发生了相应的变化，原平衡状态被打破，化学平衡发生移动；微观表征：温度改变，使得该反应的正逆反应速率都发生了变化，且两者不相等，最终导致平衡向一方移动。问题链和多重表征相结合，有效地解决了概念教学问题，同时渗透了微粒观、平衡观、实验观等化学核心观念，引导学生建立和发展化学核心观念，促进其化学核心素养的发展。

3. 在探究活动中培养学科关键能力

化学是一门以实验为基础的学科。精心设计实验探究活动，不仅可以激发学生学习化学的兴趣，更能够启迪学生的化学思维，引导学生理解和掌握相关化学知识，培养学生的科学态度和价值观，促进化学学科核心素养中的关键能力提升。在"浓度对化学平衡影响"这一板块的教学中，我设计了 3 个环节的探究活动（详见上表）。其中环节 1 中的实验是课本中的教师演示实验，起到理顺实验探究思路，提供实验操作示范的作用；环节 2 中的实验是将课本中"拓展视野"的素材改编成了学生自主实验，引导学生在理解和模仿的基础上，自主设计并完成实

---

[1]　胡先锦，贾彩燕.问题链教学模式在高中化学基本理论复习中应用[J].化学教与学，2013（9）：19－22.

验,在实验探究的过程中,不仅得出了结论(若减小生成物的浓度,平衡正向移动),同时还生成了新的问题(增大生成物 H^+ 的浓度,溶液颜色变化不明显,无法判断平衡是否移动或移动的方向);环节3是针对环节二学生实验中生成性的问题而增加的数字化演示实验,引导学生从观察颜色的定性实验过渡到了分析曲线的定量实验,不仅拓展了思维,而且让学生在对曲线变化的分析中找到平衡移动的方向,发现平衡的移动仅仅是削弱,而不是抵消了氢离子浓度的增加对平衡体系的影响,为接下来分析压强对平衡移动的影响,以及理解平衡移动原理中的"削弱"一词进行铺垫。探究实验中的这三个环节环环相扣,层层递进,让学生在观察、模仿、分析、质疑、解惑中,从宏观现象到微观探析,逐步理解了浓度对化学平衡的影响。

4. 在问题解决中感悟学科核心观念

在本节课的结尾请学生结合勒夏特列原理解释为什么进入高压氧舱进行治疗,可以缓解 CO 中毒症状。选择这个事例有两个原因,一是因为这是学生比较熟悉的事例,拉近化学与生活之间的距离,让学生体会化学在提高生活质量等方面的作用,渗透化学价值观;二是希望通过此事例,让学生能够用平衡的思想解释生活中的相关现象,增强化学应用的实践能力。

综上所述,学生化学核心观念的建构需要教师在认真研读教材的基础上,设定符合学生认知水平的教学目标,并对教材内容进行巧妙的编排和合理的增减,以促进学生逐步形成运用化学学科核心观念认识身边事物和处理问题的自觉意识或思维习惯,同时在探究活动中增强学生的学科关键能力,塑造重要品格。总之,教师教学观念和方式的改变,才能有效地引导学生学习方式的转变,最终不断促进具有化学特质的核心素养的发展,培育"全面发展的人"。

【案例2】 弱电解质的电离

教 材:高中化学 选修4《化学反应原理》 第三章第一节 人民教育出版社
执教者:上海外国语大学附属大境中学 冯晴

(一) 背景

化学核心观念的构建影响着学生理解和应用化学知识的水平,对提高学生的科学素养和人文素养具有重要价值,是体现育人价值的重要载体。教学的设计,应突出核心观念的构建,精选典型事实和核心概念,引导学生通过深层次的思维活动,促进知识的理解和观念构建,为学生的终身发展奠定基础。

观念构建教学是在化学观念的引领下,使学生通过高水平的思维活动,深刻理解和掌握化学知识,并通过不断地反思、概括、提升,促进化学基本观念形成的教学过程。下面以"弱电解质的电离"教学为例,阐述以中学化学实验改进与创新构建化学实验观。

清华大学宋心琦教授明确提出了"化学实验体系的三要素"[①],即作为实验对象的物质体系(用于探究化学变化过程,也可称为化学体系);适当的仪器装置和必要的安全措施;合理的实验步骤和规范的操作技术。他认为,从学科教育的角度来评价,它们的地位是不等的,应该依次递减;在现行化学实验教学中,实验体系来自教材和教参,教师在实施时注意力往往放在

---

① 宋心琦.再谈中学化学实验教学改革(下)——在《化学教学》"中学化学实验教学高级研修班"上的讲话[J].化学教学,2013(4):3-5.

了第二、第三两个要素上,物质体系的选择反而成为次要甚至被忽略;同时,教材为什么要设计或选择某一个实验,也就是化学实验教学功能与价值的问题也是教师思考得比较少又比较重要的问题,教师普遍很难全面地阐述某个实验的教学功能与价值。因此,以化学实验的教学功能为切入点,由"化学实验体系的三要素"入手,对教材中的实验加以改进与创新,就显得尤为务实。

《弱电解质的电离》编排在人教版高中化学选修 4《化学反应原理》中的第三章第一节,是本章"水溶液中的离子平衡"知识的开篇。本章内容实际上是应用前一章所学化学平衡理论,探讨水溶液中离子间的相互作用,在教学功能上,这一章起着延伸、拓展和巩固前一章所学知识的作用。从具体知识结构来看,化学平衡、电离平衡、溶解平衡是研究电解质在溶液中发生各种变化的理论基础,而电离理论又是联系化学平衡与溶解平衡的纽带。所以,该课程在教材中起到了承上启下的作用,要求学生在已经学过化学平衡理论并了解电解质发生电离和发生离子反应的条件等知识的基础上,进一步学习强电解质和弱电解质的概念,了解弱电解质的电离平衡,浓度、温度等条件对电离平衡的影响以及电离平衡常数,教学内容及过程中充分体现了化学观念中的实验观——实证研究思想;观察、记录和分析的方法;控制实验条件的方法。

"弱电解质的电离"是高中化学的重难点内容。为帮助学生建构其概念,教材中安排了如下实验:

分别试验等体积、等浓度的盐酸、醋酸溶液与等量镁条反应;并测这两种酸的 pH。

	1 mol/L HCl	1 mol/L CH₃COOH
与镁条反应的现象		
溶液的 pH		

教材的设计意图为先由等体积、等浓度的盐酸、醋酸溶液与等量镁条反应,根据现象一快一慢,定性的判断其为一强一弱,再通过测这两种酸的 pH,定量地界定强弱之分,从而引出强弱电解质的定义。如此甚妙,可是本课程的重难点为弱电解质的电离平衡,而教材对此并未安排实验探究弱电解质的电离平衡及其影响因素。因此,需要教师二次开发教材,以"化学实验体系的三要素"为抓手,不脱离教材,对现有实验加以改进与创新,创设能激发学生高品质思维的课堂。

(二) 教学设计

1. 丰富实验对象的物质体系,引领课程

通过改进教材原有实验,将实验对象的物质体系加以丰富,增强原有实验功能,引领课程。引发学生对该实验三重维度的思考,真正做到让学生在实验中发现问题,在探究中获取知识,在分析中学会方法,在学习中解决问题。

弱电解质妙就妙在它的弱,若即若离,藕断丝连。为了充分利用这种"天生注定",在课程伊始,设计了学生探究实验,课堂将以此为发起点,以学生实验、数据分析和实验思考为主线加以展开。考虑到教材原有实验——测 1 mol/L 盐酸与醋酸的 pH,在此实验的基础上,添加另外两种不同浓度的盐酸与醋酸,并再添加同浓度的未知酸。如此,不仅可以引出强弱电解质的概念,还能根据实验数据,分析探究影响弱电解质电离的因素,更可比较弱电解质的电离程度。

考虑到课程时间有限,将 9 种溶液根据不同的共性分为 6 个组别。同时将学生分为 12 组,每组三人,即每个组别的实验由两组学生完成,每种溶液有四组学生同时测定,每位学生都完成一个溶液的 pH 的测定。最后,再利用多媒体网络技术,将学生的实验结果快速地汇集到教师处,由软件对数据加以处理后转化为氢离子浓度,快速地呈现给学生,便于后续课程的开展。如此,既可减小实验误差,又可提升课堂效率,同时还让每位同学都体验了数字 pH 计测定溶液 pH 的操作。

组　别	酸 1	酸 2	酸 3
A 组	1 mol/L 的盐酸	1 mol/L 的醋酸	1 mol/L 的未知酸
B 组	0.1 mol/L 的盐酸	0.1 mol/L 的醋酸	0.1 mol/L 的未知酸
C 组	0.01 mol/L 的盐酸	0.01 mol/L 的醋酸	0.01 mol/L 的未知酸
D 组	1 mol/L 的盐酸	0.1 mol/L 的盐酸	0.01 mol/L 的盐酸
E 组	1 mol/L 的醋酸	0.1 mol/L 的醋酸	0.01 mol/L 的醋酸
F 组	1 mol/L 的未知酸	0.1 mol/L 的未知酸	0.01 mol/L 的未知酸

如此设计,在后面的课程展开中,对实验数据加以三个层面的分析,由电解质的强弱之分到强弱电解质的特性的差异,直至同为弱电解质的醋酸与未知酸的差异,抽丝剥茧地层层开展课程。无不谓之其妙也,以下就其妙处加以介绍。

其妙处之一:通过学生分组实验,利用多媒体技术收集数据求均值减小误差,共享实验结果。每组学生在完成自己实验后进行初步思考,并在共享结果后,进一步对照思考分析。引发学生进行有层次、有容量、有深度的思维,提升思维品质。渗透化学观念中的实验观——实证研究思想和观察、记录的方法。

其妙处之二:比较三种等浓度的盐酸与醋酸的 pH,得出强弱电解质的概念,并同时利用所测的未知酸的 pH,对概念进行再次演绎,同时渗透物质分类观。

课堂实录:

[教师] 我们首先来聚焦 0.01 mol/L 的三种酸的氢离子浓度,你们能有什么发现吗?

[学生] 氢离子浓度与酸浓度相等,氢离子浓度小于酸浓度。

[教师] 等于意味着什么?小于意味着什么?

[学生] 完全电离,部分电离。

[教师] 那么对这三种酸划划阵营,该如何划分呢?

[学生] 盐酸一类,醋酸和未知酸一类。

[教师] 其他的浓度是不是也是这种情况?

[学生] 是的。

[教师] 像氯化氢这样在水溶液中能完全电离的电解质叫强电解质;像醋酸这样在水溶液中部分电离的电解质叫弱电解质。我们测定的未知酸就是一种弱电解质,它叫甲酸。

渗透化学观念中的实验观——实证研究思想和分析的方法以及控制实验条件的方法。

其妙处之三:比较三种不同浓度的酸的 pH,得出电离平衡存在移动,从而引发学生思考是否存在其他影响电离平衡移动的因素呢？如何验证呢？既解决了弱电解质浓度的变化对电离平衡的影响，又为后续课程的展开进行了铺垫。

课堂实录：

［教师］我们再来看一下刚才的实验结果。大家能从中发现电离平衡的移动吗？

［学生］思考。

［教师］我们先来看一下盐酸的浓度和它电离产生的氢离子的浓度有什么特点？

［学生］都减小10倍。

副板书：

酸的浓度/(mol/L)	盐酸中氢离子的浓度/(mol/L)	
1	1	
0.1	0.1	
0.01	0.01	

［教师］对比强酸，醋酸的浓度和它电离产生的氢离子浓度又有什么特点呢？

［学生］醋酸的浓度减小了10倍，可是醋酸中氢离子的浓度好像只有3倍左右。

副板书：

酸的浓度/(mol/L)	盐酸中氢离子的浓度/(mol/L)	醋酸中氢离子的浓度/(mol/L)
1	1	0.004 0
0.1	0.1	0.001 3
0.01	0.01	0.000 40

［教师］醋酸溶液体积扩大10倍，氢离子浓度应该就稀释10倍，比如0.001 3 mol/L，稀释10倍就应该是0.000 13 mol/L。是什么原因导致氢离子浓度远比0.000 13 mol/L大呢？

［学生］产生更多氢离子。

［教师］那么稀释是促进还是抑制电离的呢？

［学生］促进。

［教师］可见浓度是影响电离平衡的因素，那么我们换成改变溶液中其他微粒的浓度是否也会影响呢？

［学生］会。

渗透化学观念中的实验观——控制实验条件的方法。

其妙处之四：比较等浓度的醋酸与未知酸的pH，学习弱酸的酸性相对强弱比较的实验方法，从而引入如何比较弱电解质的电离程度，联系之前刚学习过的化学平衡常数，学习电离平衡常数的书写及其意义。

课堂实录：

［教师］我们再来看刚才的实验结果，通过控制温度和浓度变量，在室温下，同一浓度的醋酸与未知酸甲酸，谁的酸性的更强呢？

［学生］甲酸。

　　[教师]能不能不做实验就直接得出结论吗?

　　[学生]不能。

　　[教师]有没有什么办法可以帮助我们快速地去比较呢?

　　[学生]思考。

　　[教师]在之前的学习中我们已经发现电离平衡和化学平衡相似。还记得我们在学习化学平衡的时候,学习过一种能表示化学反应的程度的方法是什么吗? 且只受温度影响的是什么?

　　[学生]化学平衡常数。

　　[教师]电离平衡是否也有类似的常数呢? 以醋酸为例,它该如何表达呢?

　　[学生]书写醋酸的电离平衡常数。

　　[教师]电离平衡常数越大,弱电解质的电离程度也就越大。并且电离平衡常数只受温度的影响。请大家看屏幕。请你再利用电离平衡常数比较 25℃时醋酸和氢氟酸的酸性。

　　[学生]氢氟酸强于醋酸。

　　渗透化学观念中的实验观——分析和控制实验条件的方法。

　　2. 利用数字化技术改进适当的仪器装置,引领高效课堂

　　通过数字化实验,将实验过程中的 pH 加以采集,既可显示 pH 的变化趋势,更便于学生对实验数据加以分析。相比传统实验,改进了适当的仪器装置并简化了合理的实验步骤,摒弃了原有的人工记录,实验后还能得到对应的数据曲线,大大提高了课堂效率,将不可能变为可能,这就是现代技术赋予课堂教学的全新的生命力。

　　针对改变温度这一因素,同样先让学生设计实验加以探究,然后提出疑问,若是温度上升过程中,pH 是否会存在上下波动呢? 简单地只测定两个温度下溶液的 pH 是否科学? 从而引入数字化实验改进方案,对实验中醋酸的 pH 进行实时测定,得出温度对弱电解质的电离平衡存在影响。

　　课堂实录:

　　[教师]我们今天就用这么一套数字化设备来探究温度是如何影响醋酸电离平衡的。选用密闭容器,并且水浴加热低温低浓度醋酸溶液,避免醋酸的挥发。

　　[演示实验:水浴加热醋酸]

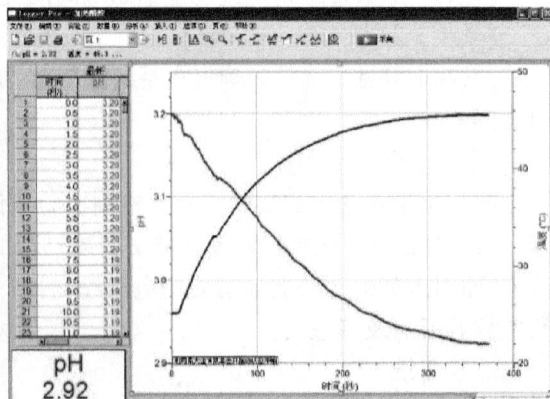

　　[教师]曲线的横坐标表示的是温度,纵坐标表示的是溶液的 pH。从获得的曲线,你能得到什么结论吗?

［学生］pH 下降。

［教师］能从勒夏特里原理解释平衡是如何移动的吗？

［学生］升温，平衡向逆方向移动。

［教师］所以在该温度范围内，醋酸电离是吸热还是放热的呢？

［学生］吸热的。

［教师］可见，温度对弱电解质的电离平衡是有影响的。

渗透化学观念中的实验观——实证研究思想。

3. 改变实验步骤，突破难点

借助之前学习过的酸碱指示剂的变色原理，将原本难懂的化学原理，简而易行地用实验加以论证，现象明显，印象深刻。正所谓他山之石可以攻玉，通过改进教材原有实验，通过改变实验步骤，原本弱电解质的变色原理更多的是诠释化学平衡在生活中应用。同样的实验，换一个角度思考，便成了验证电离平衡影响因素的佐证了。

在突破影响电离平衡移动的因素这一难点时，考虑到课堂时间有限，将多种因素归类为改变弱电解质的浓度、改变氢离子浓度和改变温度。针对其中改变弱电解质的浓度这一因素，在学生分组实验中已经加以验证。

针对改变氢离子浓度这一因素，先让学生运用勒夏特列原理加以分析，演示向醋酸溶液中滴加少量浓盐酸的实验，让学生思考如何设计实验验证平衡的移动。考虑到在之前的学生实验中刚使用过数字 pH 计，预设学生回答测溶液 pH 的实验方案，并预设否定该方法的实验数值依据。

课堂实录：

［教师］你能有什么办法来证明平衡的移动呢？

［学生］可以用之前用过的数字 pH 计，测溶液 pH，观察溶液的 pH 的变化。

［教师］你能想到这个方法很好，可是这里有个问题。举个例子，如果向 100 mL 0.1 mol/L 的醋酸溶液中滴加 1 mL 的浓盐酸，最终溶液中由盐酸电离产生的氢离子浓度约为 0.12 mol/L，而由醋酸电离产生的氢离子浓度约为 1.5×10^{-7} mol/L，前者是后者的八万倍，醋酸电离产生的氢离子此时小到忽略不计，根本无法用仪器测量。

问题又回到能否通过测定溶液中其他微粒的浓度，来判断平衡的移动。进而引发学生思考，验证浓度是弱电解质的电离平衡的影响因素之一是本次实验目的，既然通过研究醋酸为载体来研究有一定的困难，那么能否通过更换一个弱电解质，利用它的特性来帮助判断其中电离平衡的移动。

问题来了，熟知的物质的特性有哪些，能否利用这些特性帮助判断平衡的移动。在师生的共同探讨下，引入某一有色弱电解质，利用其分子、离子颜色不同的特性，在平衡移动时使体系发生颜色变化，并向其中滴加浓盐酸进行验证。再让学生完成并解释碱对其电离平衡移动的影响，并验证。最终告诉学生此弱电解质名为溴百里酚蓝，而中学阶段的酸碱指示剂都是弱电解质，它们的变色原理也就是弱电解质电离平衡的移动。

课堂实录：

［教师］看来想在醋酸溶液中找到判断平衡移动的依据有一定的难度，那么能否思考换一个弱电解质来帮助大家去判断平衡移动呢？它有着和醋酸不一样的特性，便于我们去观察平衡的移动。这个特性会是什么呢？

[学生] 这个弱电解质中的某些微粒有颜色。

[教师] 在大家的实验盒中有这么个弱酸,它的分子是黄色的,离子是蓝色的,我们所看到的绿色是这两种颜色的混合色。我们一起来做一下实验,取两少量该溶液,滴加几滴浓盐酸,颜色会如何变化。

[学生实验:加酸。]

[教师] 平衡是如何的移动呢?能从勒夏特列原理加以解释吗?

[学生] 颜色变黄,增加氢离子浓度,平衡向逆方向移动。

4. 多方位改进实验,增强实验功能

作为一个定性实验,无论是镁条还是大理石,都无法做到真正意义上的控制变量法,其实验的意义在于让学生感知两种酸的差异性。故本实验改进实验对象的物质体系,未改变实验目的;更改适当的仪器装置,将试管替换成烧杯,并垫黑色卡纸,便于实验现象的观察;改进实验步骤,考虑到大理石与酸反应速率较慢,将原本的一次观察设计改为学生两次观察实验现象,得到的结论不同。如此,可谓一举四得:其一,实验引入,提高学习兴趣;其二,揭示两种酸的不同之处,引出定量实验;其三,作为课程结束时的反馈,运用课堂知识对现象加以解释;其四,运用两种酸与大理石的现象不同,辩证地看待强弱电解质,引发深思。

一节赋有内涵的化学课还应如一杯浓茶,滋味淳厚,齿颊留香,回味甘醇。为了做到这一点,课上设计了一个可以贯彻始终的实验——大小形状成分基本一致的两块大理石分别与等浓度等体积的盐酸与醋酸反应。在课程伊始,作为课堂引入,直截了当,为何产生气泡的速率不同?不同浓度下是否又会产生差异呢?就让我们一起来研究不同种酸不同浓度下酸性强弱,引出课程。替代了教材原有的等体积、等浓度的盐酸、醋酸溶液与等量镁条反应,效果基本一致。

当课接近尾声,再一起来观察此时烧杯中大理石的反应情况,并辅助课前拍摄的录像,观察到 40 分钟内关键时间点两种酸与大理石不同的反应情况。让学生运用本节课所学的知识解释其原理,比较其差异,分析其应用。最后,用一句"强电解质的强胜在立竿见影,弱电解质的弱胜在持久耐力"结尾,意味深长,辩证的思想无形之中牢牢印在了学生的心里。

课堂实录:

[教师] 最后,我们再来看大理石与醋酸、盐酸反应的情况如何了?

[学生] 醋酸快、盐酸慢。

[教师] 大家刚才在上课过程中,没有注意到烧杯内的反应情况。我课前完成了这个实验,并且拍摄了录像,截取其中部分片段。

[多媒体播放视频]

[教师] 你能描述一下实验现象的变化吗?

[学生] 盐酸反应的速率在慢慢地降低,醋酸的速率几乎没有变化。

[教师] 能用今天学习的知识解释一下用这两种酸的现象差异吗?

[学生] 醋酸随着氢离子被消耗,电离平衡向促进方向移动,再产生氢离子,使速率基本不变。

[教师] 那么如果最终这两个等浓度等体积的酸完全反应后,产生气体的量会是怎样?

[学生] 一样的。

[教师] 可见,像氯化氢这样的强电解质,他们的强胜在立竿见影,像醋酸这样的弱电解

质,它们的弱胜在持之以恒,不过最终殊途同归。所以我们应该辩证地看待强弱电解质,充分利用它们的特点为人类的生活生产服务。

(三) 反思与启示

通过这节课的备课、研讨。笔者深刻感受到,作为一名化学教师,我们不只是化学知识的搬运工,而更应该在搬运知识的同时,若能给学生一个瓢,弱水三千,学其方法,悟其内涵与观念。实验作为化学学科独有的一道利器,更是因为我辈教师所用、会用、用好。在理解化学实验的教学功能的基础上,从"化学实验体系的三要素"和化学学科核心观念再次思考实验,从学生角度出发,改进或设计出让学生更易理解、更易操作、更易探究的实验,才能更好地服务于课堂,真正将课堂还给学生,引领高效课堂,落实学科核心素养。

【案例 3】　IMMEX‐C 系统在化学复习中化学核心观念渗透的初探
——以"元素周期律"复习课程的教学设计为例

教　材:《高级中学课本　化学》高中二年级第一学期(试用本)第 9 章第 2 节,上海科学技术出版社

执教者: 上海外国语大学附属大境中学　冯晴

(一) 背景

在化学教学中,通过引导学生对化学知识的学习和对化学学科思想的理解,学生能够建立起从化学的视角认识事物和解决问题的思想、观点和方法,称其为"化学观念"。如果说化学学科思想是化学家们对化学学科特征的高度概括性认识,那么化学观念则是化学学习者对化学学科思想的不同认识和理解,是学生通过化学课程的学习所获得的对化学的总观性认识。

关于化学观念的构成体系,从科学研究的基本方法和认识物质及其变化的不同视角,会有不同的分类方法。最常见的是从三个维度划分化学观念:第一维度体现为对物质的认识,即知识类核心观念,如元素观、微粒观;第二维度体现为技能方法,即方法类核心观念,如分类观、实验观;第三维度是情意价值类核心观念,如化学价值观。通过三个维度促进观念构建契合了新课程提倡的"三维教学目标",为实施化学观念教学明确了方向。

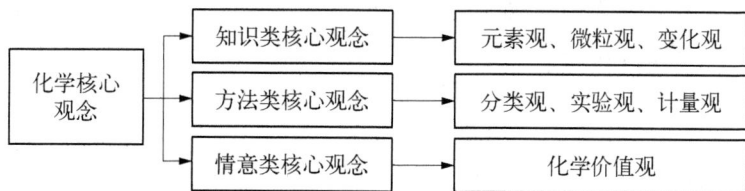

化学核心观念及其重点内涵

化学核心观念	重 点 落 实 内 容
元素观	原子守恒的思想;质量守恒定律;物质守恒的思想
微粒观	物质结构的层次性(粒子概念的联系)

（续表）

化学核心观念	重点落实内容
变化观	变化是有条件的(内因、外因)的；化学平衡思想；化学变化伴随能量变化
分类方法(逻辑的方法)	理解物质和变化的各种分类标准(分类标准反映事物的本质)
实验研究方法	实证研究思想；观察、记录和分析的方法；控制实验条件的方法
跨越宏观和微观的计量方法	物质的量的理解与运用
化学价值观	书本知识与生活、生产、社会的联系

　　IMMEX-C不仅有评价功能，也有教学功能，对促进观念建构的教学具有重要的意义。基于IMMEX-C评价的复习教学设计既是对日常教学的超越，同时也是对日常化学教学的一个补充，对发现、诊断学生在日常化学学习中的问题，促进学生知识应用和理解，提高学生运用化学知识解决化学问题的能力。本案例从发现、优化、干预、稳定、深化五个方面，以"元素周期律"复习课程的教学设计为例加以说明。

　　美国加州大学洛杉矶医学院罗纳德·史蒂文森教授以现代化的信息手段和人工神经网络的方法，结合现代科学对人类在认知过程中大脑的生理行为的认识，创立了IMMEX(Interactive Multimedia Exercises)即"多媒体互动测训平台"，它通过创立一个激励学习的环境，借助于先进的教育技术手段将学生隐含在脑海中的解决问题的思维过程，通过直观的手段展现出来，并通过数学模型进行有效的量化来进行评估。本案例在IMMEX理念和技术的支持下，基于IMMEX-C(Interactive Multimedia Exercises-China)国内研发平台(http://www.immex.com.cn/)，就高中学生在化学复习中，学科知识复习和问题解决能力的评价开展实践研究，从学生思维过程、策略表现、绩效水平等三个维度进行综合评价，为学生化学复习提供新的视角和方法。

　　IMMEX-C包含问题解决任务环境和多层次评估模块。首先是问题解决任务环境，IMMEX-C系统中的每一个问题被称为问题集，有多个变式组成。这些变式具有相同的问题情境，但在具体内容设计上有所不同，且难度不一。IMMEX-C把问题的已知条件，包括解题的关键信息、精心设计的干扰信息和情境信息，以及解决问题所需要的背景知识等拆分为菜单选项，以网页链接的形式展现，只有点击菜单项，才会显示相应的信息。这样的设计使IMMEX-C中的问题解决遵循了科学探究的假设演绎学习模式，学生需要通过描述情境界定问题、判断哪些是有用信息、制定搜索策略、收集信息、最终形成并展示其理解的决策。并且问题解决任务的设计和菜单方式的呈现，让系统可以通过记录学生的信息点击行为分析学生的问题解决过程。

　　其次是多层次评估模块，IMMEX-C试图回答以下五个问题：问题解决的怎么样？简单或困难的问题被解决了吗？使用了什么样的解题策略？随着练习，问题解决策略改进了吗？下一次学生会使用什么解题策略？IMMEX-C收集学生化学问题解决过程中对信息项的选择情况，真实记录学生问题点击的与否、先后顺序、次数多少等，洞察学生解决问题思维足迹，客观评价学生解决问题的思维过程表现。

　　思维回路图(见图4-1)，是利用图形化形式描绘出学生在问题信息项之间"游走"的足迹，是真实、直观反映学生问题解决的思维过程。其中并排的小圆圈代表了化学问题中的

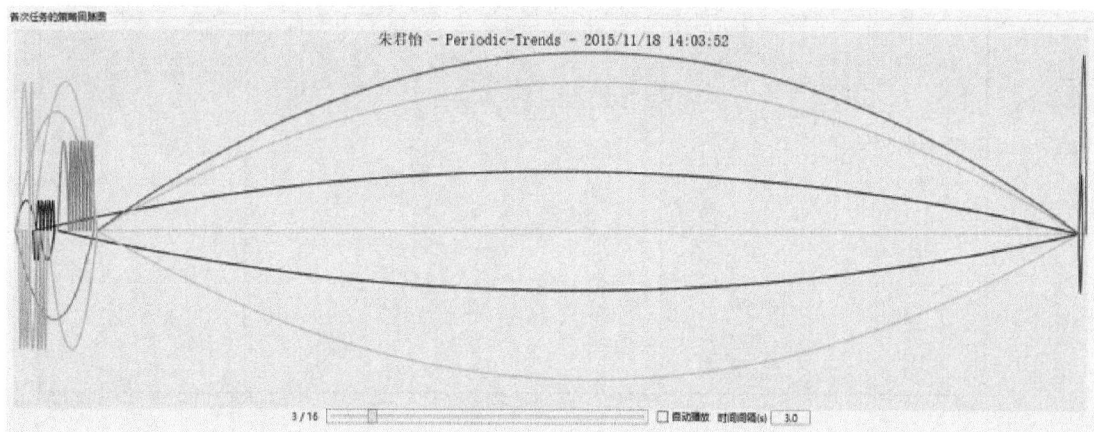

图 4-1　思维回路

各信息选项,选项之间的连线则代表学生了对信息项选择的路径,连线的高度代表选项的先后顺序。

"思维回路图"犹如医学上"脑电图""心电图",从图像上直观感知学生脑海中解决问题所思、所想,检测到学生解决化学问题的思维通路。为了更清晰、准确评价学生的思维过程,以思维回路图的"步长"和"回路"为变量具体计数,通过"步长"和"回路"的组合将学生思维过程分为四种状态,即"思维混沌状态、思维谨慎状态、思维跳跃状态、思维敏捷状态",从学生解决问题所表现的思维状态,就可以具体分析评价学生解决问题的思维过程的特点(见表 4-1)。

表 4-1　学生问题解决的思维过程评价量表

思维过程状态	步　长	回路数	思　维　过　程　特　点
思维混沌状态	长	多	思维迷茫,没有头绪,思路不清,对信息项选择很多且盲目
思维谨慎状态	长	少	信息选项选择较多,生怕遗漏,基本按序选择,但信息筛选不足
思维跳跃状态	短	多	思维比较活跃,选项来回波动较大,关键信息容易遗漏
思维敏捷状态	短	少	思维简洁,选项较少,花费时间一般较短,大多数选择有针对性,但个别存在缺少思维过程现象

IMMEX-C 也通过四象限图统计分析学生的完成问题解决的"效率—效果",效率描述的是速度与选项的关系。效果描述的是信息查看情况与效率的关系。借用经济学中的"效率效果关系模型"。"四象限图"(见图 4-2)横坐标轴为"效果"坐标,从左到右依次增加;纵坐标轴为"效率"坐标,从下到上依次增大;坐标轴是由所有学生解决此问题集的效率、效果的平均值,所设的四个象限分别为:"效率高效果好""效率高效果差""效率低效果差""效率低效果好"。

依据美国 IMMEX 四象限图的统计图表,将学生解决问题的绩效水平分为四个状态,即:高绩效状态、较高绩效状态、较低绩效状态、低绩效状态,分别对应四个象限,以"绩效水平状态"分析评价学生解决化学问题结果的差异性、发展性和稳定性(见表 4-2)。

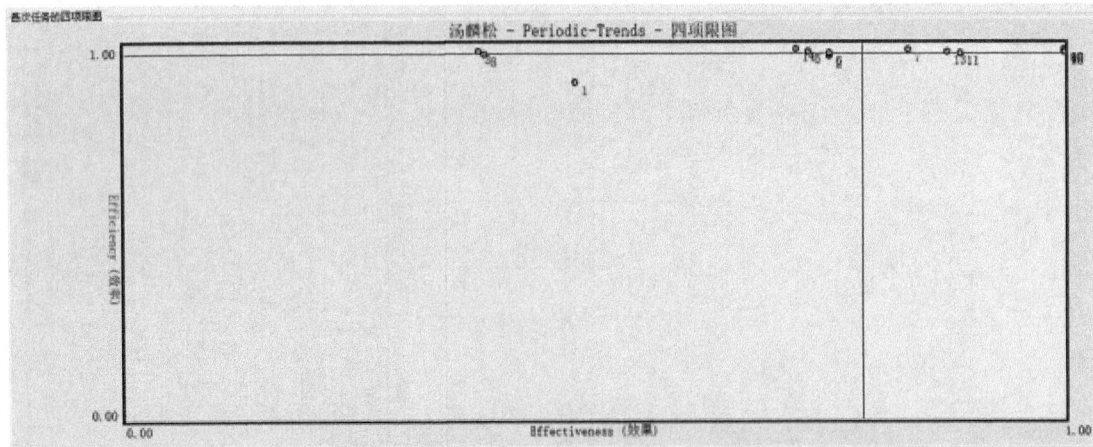

图 4 - 2　四象限

表 4 - 2　学生问题解决的绩效评价量表

绩效水平	效率	效果	问题解决结果表现
高绩效状态	高	高	解决问题效率效果都很好,反映出学生问题解决结果理想
较高绩效状态	低	高	问题解决的效率不高但效果好,反映出学生问题解决结果正确,总体还比较理想,但解决问题的花费时间代价太大,需要改善和提高
较低绩效状态	高	低	虽然有较高效率,但解决问题的效果还不够理想,有思考简单、不经过思考猜测之嫌,需要具体分析学生的思维过程和策略表现,找出问题所在
低绩效状态	低	低	解决问题的效率、效果都偏低,问题解决结果还不尽人如意,问题解决的过程、方法、结果都需要提高

　　IMMEX - C不仅有评价功能,也有教学功能。基于IMMEX - C评价的复习教学设计既是对日常教学的超越,同时也是对日常化学教学的一个补充,对发现、诊断学生在日常化学学习中的问题,促进学生知识应用和理解,促进观念建构,提高学生运用化学知识解决化学问题的能力(见表 4 - 3)。

表 4 - 3　日常化学教学与 IMMEX - C 复习教学比较

	日 常 化 学 教 学	IMMEX - C 化学复习教学
教学目标	掌握构建学科知识与技能,主要是学科基本知识和基础技能,促进认知发展与观念的建构	在解决问题中复习知识,形成能力,培养开放思维,促进问题解决能力与观念建构水平的提高
教学内容	在规定的课程计划、标准、教材范围内,学习化学学科领域知识、技能和方法等	从规定的课程化学教材或某化学领域的基本知识出发着眼更广泛化学学科问题、社会生活问题等,注重方法的学习指导
学习方式	接受式学习和探究式学习结合:通过教师启发性的讲解,完成教学内容	探究式学习:学生在教师的引导下,自主构建解决问题的思路和策略
组织形式	基本上以班级为单位	班级、小组或个人为单位,跨班级、跨年级、跨学校、跨地区、跨国界

（续表）

	日 常 化 学 教 学	IMMEX‐C化学复习教学
教学手段	可以应用也可以不用信息技术,但以教师演示为主	一定使用信息技术网络平台,学生通过技术平台提供的问题集学习
学习场地	固定场地,教师为主	不限定场所:教师或学校为主,家里也可以
学习评价	以终结性评价为主,重点考察知识技能的掌握	以过程性评价为主,重点评价学生的解决问题的思维过程、策略表现和绩效水平综合能力

（二）教学范式设计

为了更体现IMMEX‐C在化学教学中的优势,发挥IMMEX‐C评价在教学过程中的诊断、优化、促进学生化学问题解决能力的功能。经过教学实践研究,设计的"基于IMMEX‐C评价的教学范式",具体如图4‐3所示[①]。

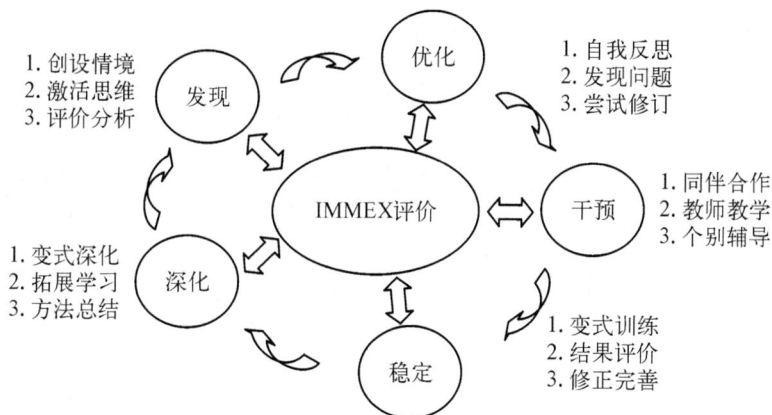

图4‐3　基于IMMEX‐C化学复习教学范式

以下就从发现、优化、干预、稳定、深化五个方面,以"元素周期律"复习课程的教学设计为例加以说明。

1. 发现

IMMEX‐C问题集具有情境性、开放性、挑战性、综合性的特点。基于IMMEX‐C评价的学习能给学生创设激励学习、激活思维的学习环境。一般在化学复习教学中,教师可以先给学生一个相同变式,且难度为较低为适宜,让学生在尝试运用所学习的化学知识加以问题解决,教师此时不能给予任何提示和指导。教师可通过评价图表,分析学生问题解决中存在的主要问题,也让学生自己查看报告后进行自我反思。

基于上海高中化学教材高二上学期已完成"第九章初识元素周期律"[②],教师选取美国原题"Periodic Trends(元素周期率)",以此考查学生是否知道元素周期表的结构及周期、主族等概念;是否掌握同周期、同主族元素性质及其化合物性质的递变规律。由于问题集为全英语原题,考虑到学生在适应题目上需要一定的时间。课前,先分配"变式0"给学生作为回家作业,

① 姚晓红.基于IMMEX‐C学生化学问题解决能力的评价研究[D].上海:华东师范大学,2012:97.
② 姚子鹏.高级中学课本化学高中二年级第一学期(试用本)[M].上海:上海科学技术出版社,2007:27‐30.

让学生自行记录查阅的单词,并在完成该变式后,交流、汇总单词表,以便完成后期变式时快速查阅。并且在课前,让学生以小组为单位,交流完成变式后的心得。由于该变式中存在一些全新的化学概念,需要学生自行理解运用,而这些名词在完成该变式中也可忽略。通过生生交流后,既可以激发学生的思维,不同的完成变式的思维方式促使学生进一步思考完成变式的途径,还能让学生通过未知的化学概念的理解和对变式的再思考,进一步复习了相关的化学知识。最后,在课程开始,由教师挑选个别学生完成变式的典型策略回路图进行展示,让其他组学生进行点评,期间教师不做任何干预。

对学生 A 点评:该生花费了大量的时间在单词查阅上,但也能看出对于未知元素的信息处理较为繁复,多次查看,建议可以记录重要信息,提高效率(见图 4 - 4)。

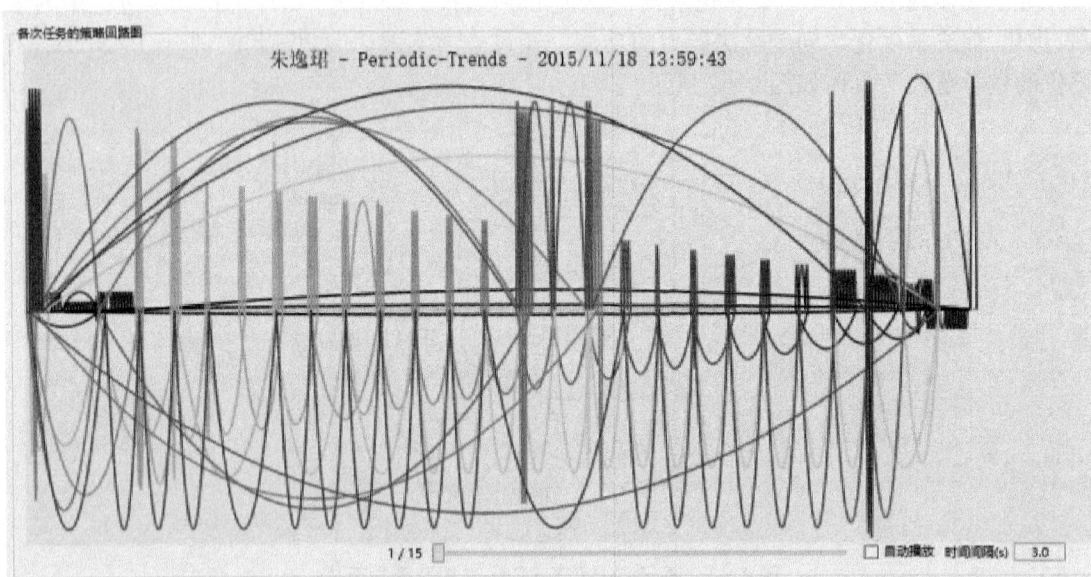

图 4 - 4　学生 A 的思维回路

对学生 B 点评:该生在获取未知元素的所有信息后,对照已知元素的相关信息,但根据该题意,所获取的信息还显不足,可见他并未获得正确的解题方式(见图 4 - 5)。

对学生 C 点评:该生在获取未知元素的所有信息后,参照部分已知元素的相关信息,并再次确认未知元素对应的信息后,即可答题。建议在第一次查阅未知元素相关信息后,加以记录,就不用后期再次确认,提高答题效率(见图 4 - 6)。

2. 优化

学生对自己的评价报告进行查阅,绝大多数学生会回顾自己解决问题的得失所在,发现并提出解决问题过程的疑问,并尝试给予修正。此教学环节教师可以分派 1～2 个变式,促进学生思维的深刻性,以学生为主体,个体独立反思为主,避免以教师和同学的思维影响、干扰学生自主的优化过程。优化的过程可以让学生自由提出问题、自主分析解决问题的过程中可简化的步骤、需要的关键信息,理清解决问题的思路,也可以是学生对问题集的"图书馆"等拓展的知识内容进行自主学习的过程。学生也可在同伴、教师等帮助下,对自我解决问题的思维策略进行优化,寻求科学的思维方法。

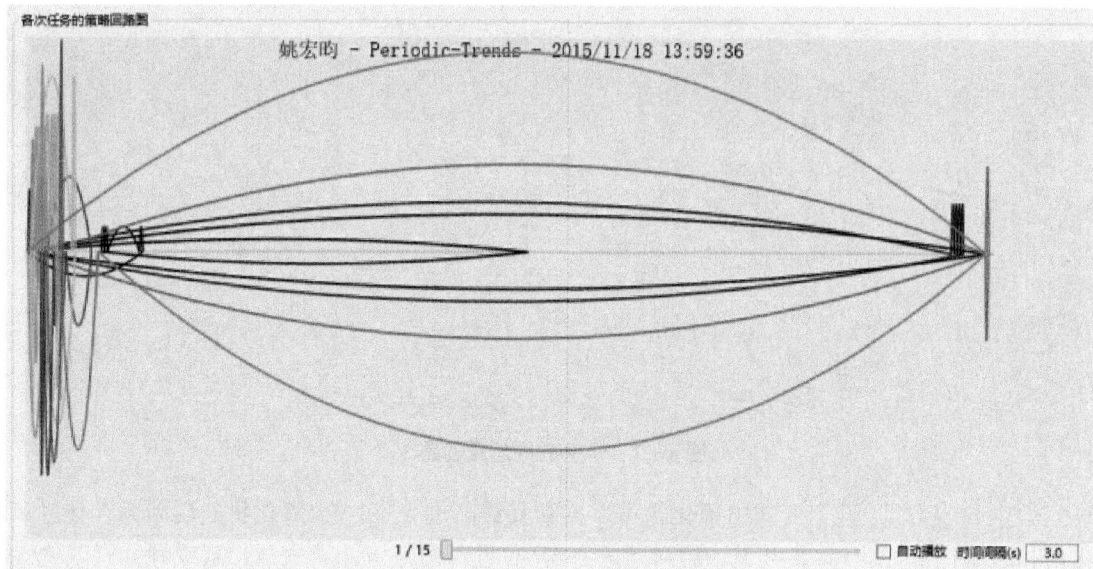

图 4-5 学生 B 的思维回路

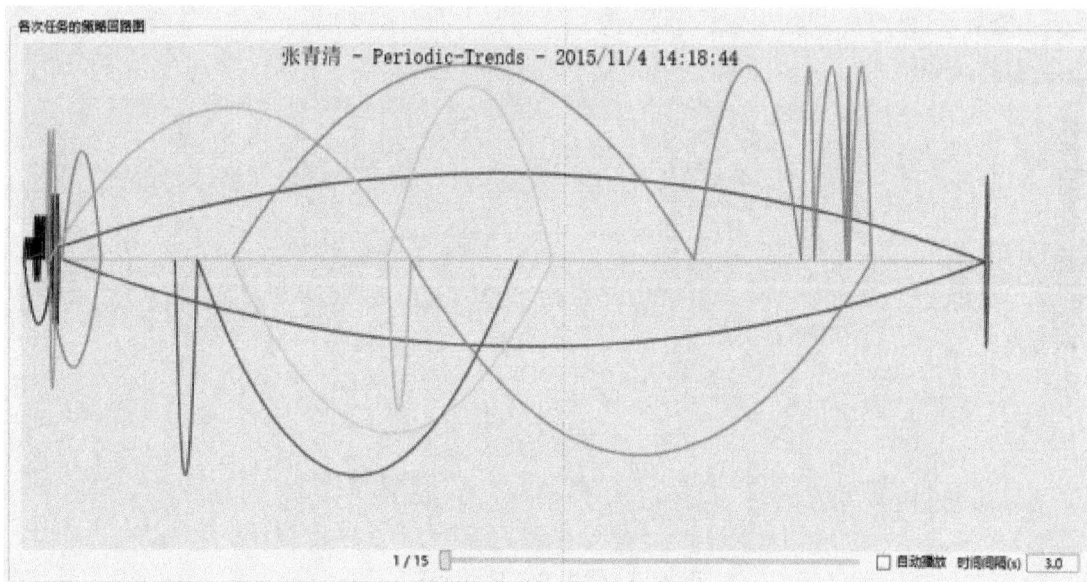

图 4-6 学生 C 的思维回路

在学生相互点评后,教师随即分配 2 个变式给学生,让他们运用自行总结的方法,进行实践。然后教师挑选个别完成效率高、效果好的学生进行全班交流。

学生 D 自评 1:在第一次完成的变式中,我发现可以根据解答选项中所提供的元素加以排除。从该未知元素的最高阶氟化物和最高阶氧化物的化学式,可以得知该元素的最高价为 +6 价,从解答选项中可找到硫元素和碲元素。再参照该物质的颜色为银色光泽的灰色,可以判断不是硫单质,那么就是碲元素。另外,由于各个信息的含义有所遗忘,所以在看信息的时候,还是点击查阅了一下(见图 4-7)。

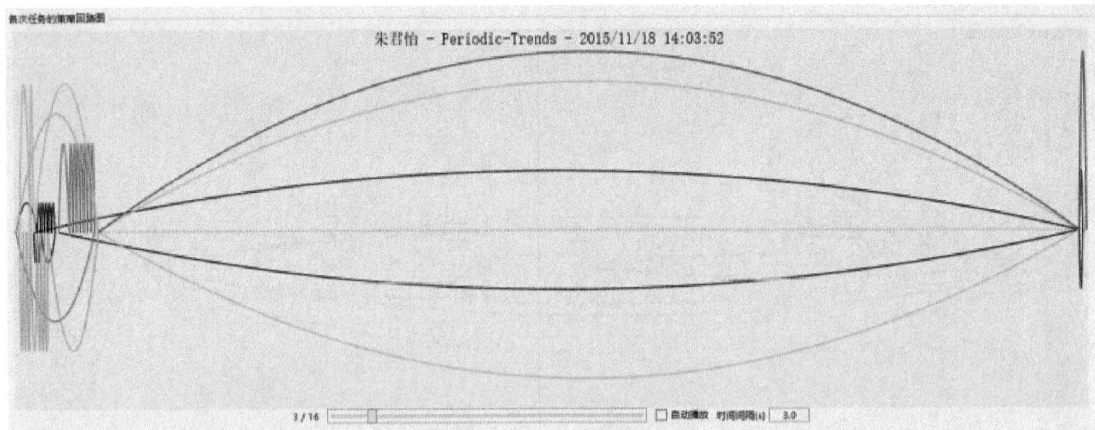

图 4-7   学生 D 的思维回路 1

学生 D 自评 2:这个变式由氟化物可以推断其最高价为+1 价,氧化物的话因为存在过氧化物和超氧化物,就不做参考了。再对照解答选项,可以判断该元素为锂元素或钾元素或铯元素。再参照课本上的原子半径的表格,发现这个元素的原子半径介于钠原子和钾原子之间,可以确定为钾元素。另外,相比较前一个变式,我由于已经记住了各个信息的含义,所以不用再去点击查看了(见图 4-8)。

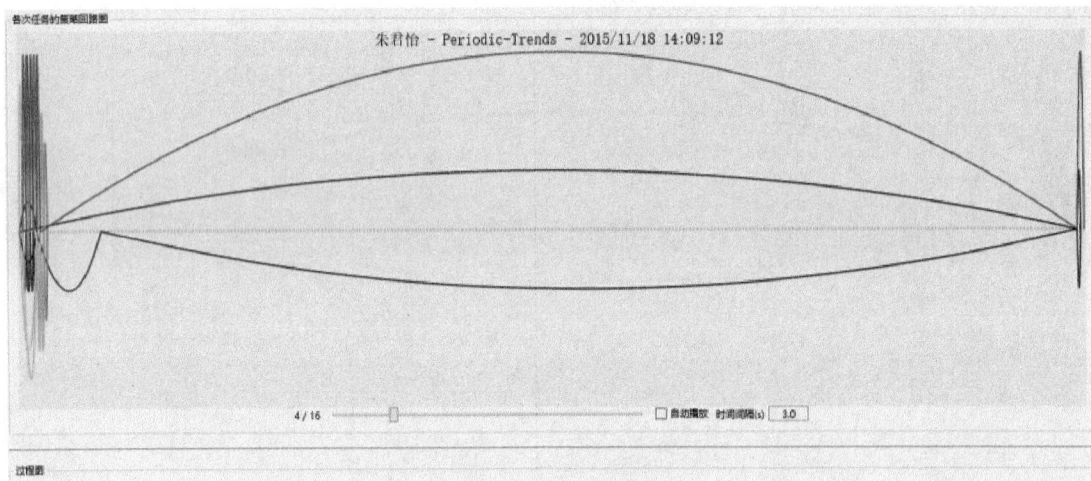

图 4-8   学生 D 的思维回路 2

学生 E 自评 1:我和 D 同学一样,从该未知元素的最高阶氟化物和最高阶氧化物的化学式,可以得知该元素的最高价为+6 价,然后找到给到的+6 价的元素硒元素,对比第一电离能,发现该元素的第一电离能大于硒元素,可以判断为碲元素(见图 4-9)。

学生 E 自评 2:同样由氟化物可以推断其最高价为+1 价,对照钠的原子半径,基本可以确定是钾元素了。再对照钙的原子半径、第一电离能、电负性等数据,该元素相比略大,确定为钾元素。通过这两道题,我发现,可以绘制一张元素周期表,将已知的元素绘制在里面,并且填写好一个参数,如原子半径或者第一电离能或者电负性等等,这样每次做题,只需要获取未知元素的最高价及对应的一个信息,就可以直接解答了,效率更高(见图 4-10)。

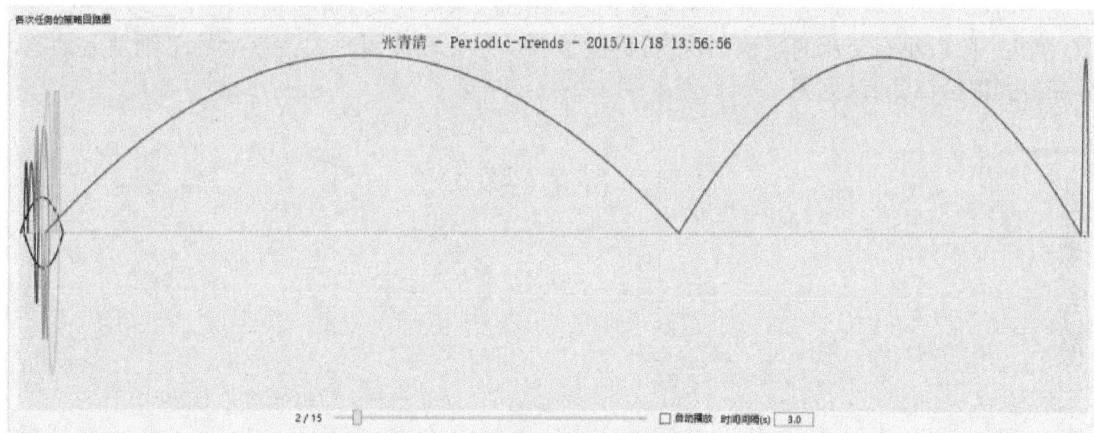

图 4-9　学生 E 的思维回路 1

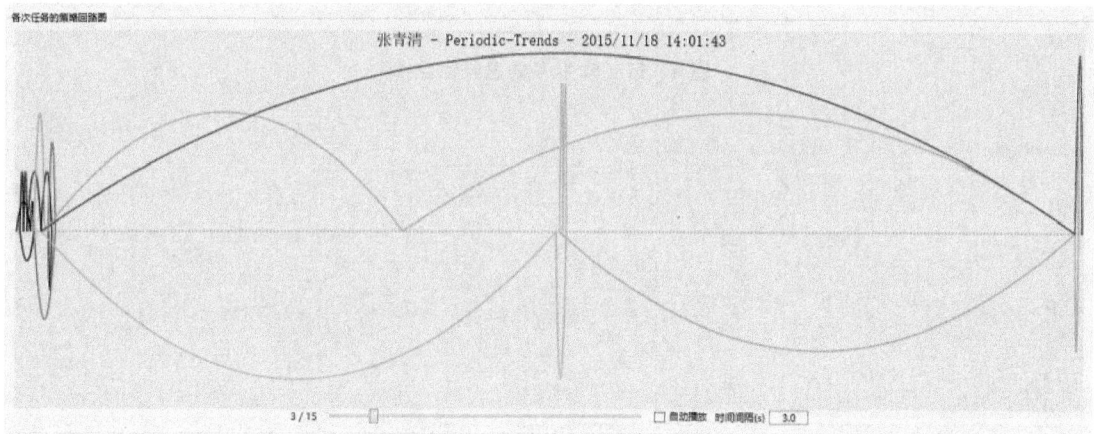

图 4-10　学生 E 的思维回路 2

3. 干预

教师对 IMMEX-C 评价报告进行深入分析解读并进行聚类统计后,可以切实找出学生问题解决的主要问题所在,对产生问题的原因进行分析、分类,尤其是针对思维混乱、知识缺失或方法偏差等不同学生或不同班级特点,制定集体教学计划或个别干预计划,开展针对性教学,实施个性化辅导。IMMEX-C 复习教学中,同学之间合作学习是非常重要的教学环节。在教学中,可以采取"异质分组"和"自由组合"的方式,教师可以选取在前几个变式中思维敏捷、策略可行、解答正确的学生为组长,分组让学生进行讨论、交流,探讨解决问题的可行方法,寻求解决最佳策略,优化问题解决的过程。对于表现很好的学生,教师可以采取不干预的策略。对个别通过课堂教学仍无法解决问题的学生,教师需要通过课后进行个别辅导和支持。

在交流了变式解答的方法后,教师再分配两个变式给学生,由学生独立完成。教师在后台关注学生完成的情况,重点关注效率及效果,并私下与变式完成有困难的学生进行交流。

学生 F 在完成了 5 个变式后,思维仍较为混乱,无固定的思维模式,并且信息点击亦杂乱无章。教师与该生交流后发现,该生在这一章的化学学习中较为薄弱,教师立即原子半径的递变规律与该生做了复习,并且将该生安排在思维敏捷、策略可行、解答正确的学生较多的一组中,在这一阶段小组交流的过程中,进行再次学习。并且教师同时关注该生的思维发展动态,分配变式以简单为宜(见图 4-11、图 4-12)。

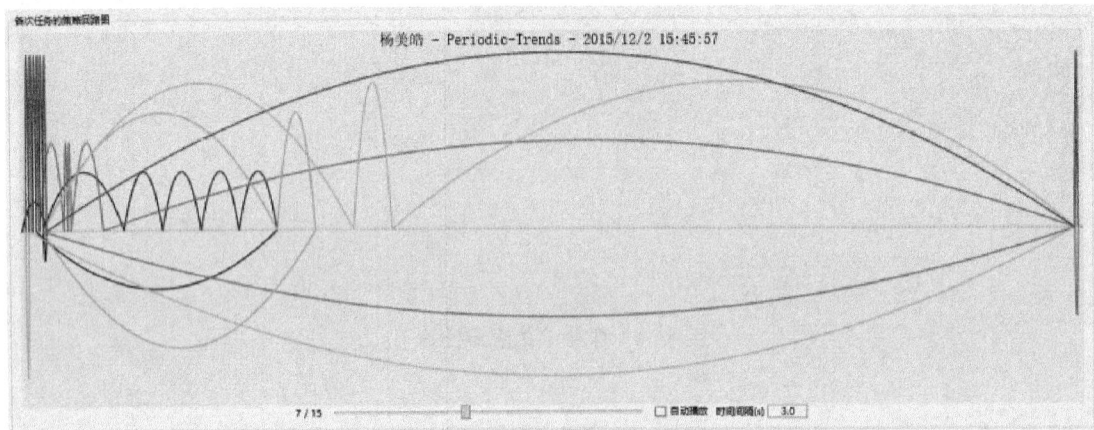

图 4-11　学生 F 的思维回路 1

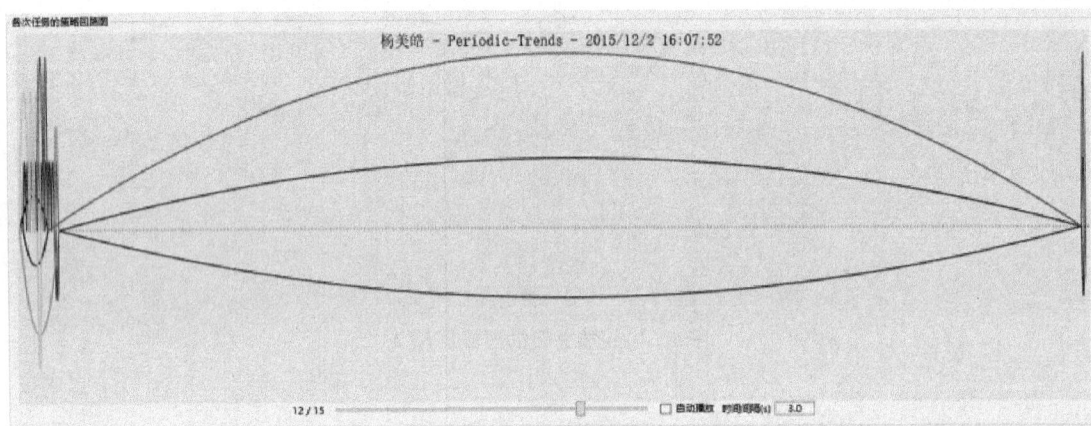

图 4-12　学生 F 的思维回路 2

这是学生 F 在再次完成了 4 个变式后,思维已趋于稳定。教师课后再与该生交流时,发现该生对于元素及其化合物的递变规律的认识有所加强。

4. 稳定

通过连续多个变式的深入,教师可以发现学生解决问题的倾向,发现学生思维、策略和结果的稳定状况。教学中,教师可根据学生学习和练习现状,分配更多、更难的变式加以观察和评价学生在条件改变、难度改变、方法改变以后的思维过程、策略表现、绩效水平的稳定状况,判断学生对这类问题解决的掌握情况。经过多次变式以后,教师也可从中检测反馈的干预后的实效。随着教学深入,我们也发现,不少学生逐渐克服了学习困难和问题,形成相似的思维回路图,形成了相同的策略状态,同时也基本能稳定在四象限图中的第一象限,寻求到较稳定的解决问题方法。

在两个变式的检测和小组重新分配后,教师对该难度的变式进行了再次分配,根据不同层度的学生分配不同数量的变式,旨在将学生解决变式的思维方式达到稳定状态。

学生 G 在完成 6 个变式后,思维已经趋于稳定,且效率很高,效果也好,其后阶段的几个变式也基本稳定在第一象限(见图 4 - 13、图 4 - 14)。

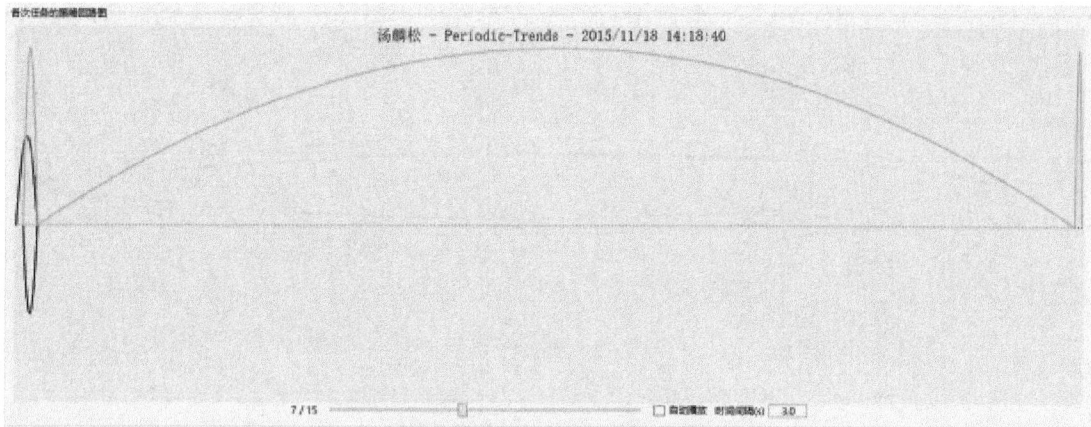

图 4 - 13　学生 G 的思维回路

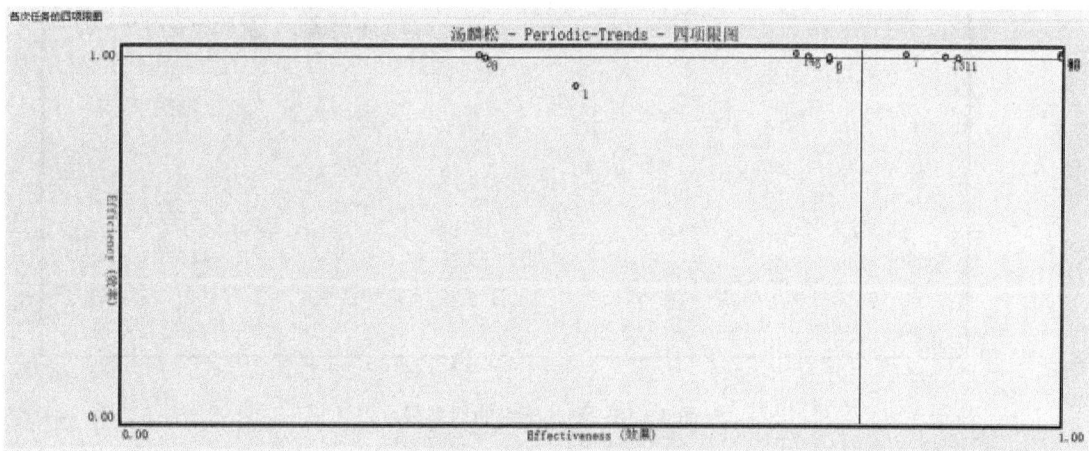

图 4 - 14　学生 G 的四象限

5. 深化

对于形成稳定思维策略的同时,我们也要避免学生形成思维定势。教师可以根据学生的学习进程,分配不同难度的变式,让学生在已掌握的解决方法的基础上向更高难度的问题去挑战。同时,教师也要引导学生转换思考角度、寻求多种方法,促进学生思维的灵活性。IMMEX - C 也可课内课外、校内校外联动学习,引导学生进行拓展学习。

在课程最后,教师根据学生思维是否稳定再次分组,针对稳定思维的学生再次分配了一个较难的变式,该变式需要学生打破之前形成的定势思维方法,通过不同的途径加以解决。同时,针对部分还未形成稳定思维的学生继续分配与之前同一类型的变式。

学生 H 完成该变式时,不再是之前的高效率,在多次对照元素周期表后,仍旧无从下手。最后该生第一次解答错误后,在教师的指导下,参考该物质的熔沸点,对照其他多种物质的熔沸点,可确定该物质为稀有气体,再通过稀有气体的熔沸点的递变性(核电荷数越大,熔沸点越高),判断该元素为氩元素(见图4-15、图4-16)。

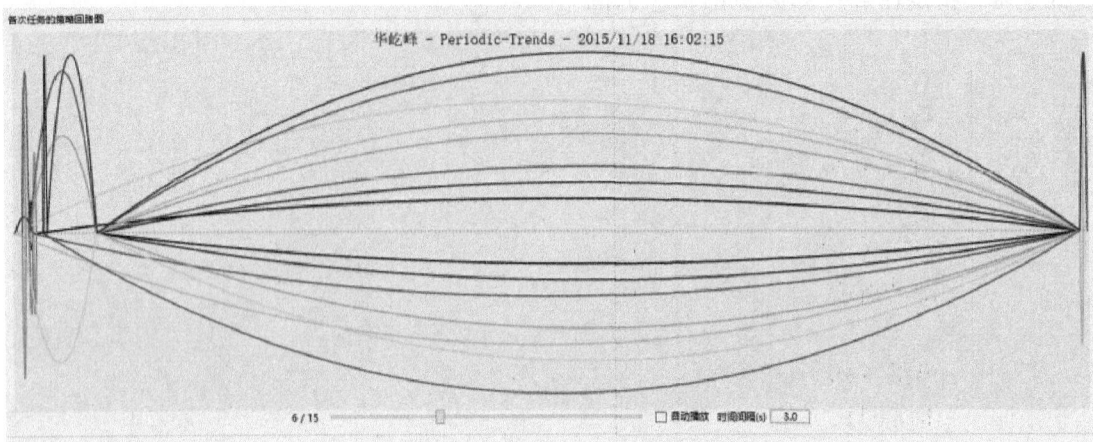

图4-15 学生H的思维回路

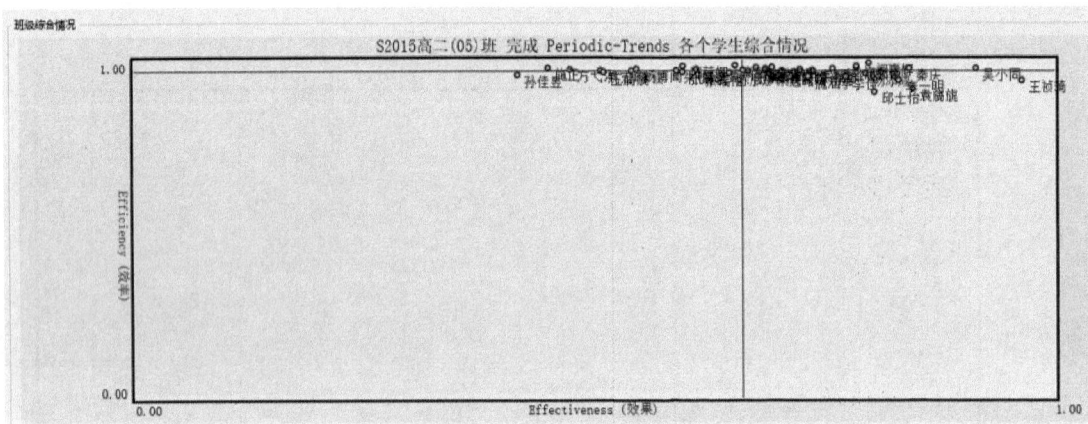

图4-16 测试班级的四象限

最后,由教师展示班级变式完成情况,肯定了大家在课上从思维的形成到思维的转变,直至思维稳定,到最后的思维打破的全过程。重点点出完成该问题集所需的化学知识储备,并以板书形式呈现。

(三) 教学反思

化学核心观念以具体知识为依托,教师在实施观念构建教学的过程中需要借助各种教学手段和教学策略将客观存在的知识形态转化为学生脑海中的化学观念。通过文献的分析可以发现,实施观念构建教学可以采取以下五点策略:① 以化学基本观念为教学目标,统领具体知识教学;② 合理利用教材和各种资源创设教学情境;③ 设置"问题组"驱动学生思维;④ 以实验、调查等活动形式引导学生探究,体验知识的价值;⑤ 运用交流、评价促进观念的内化。

基于 IMMEX-C 与常规化学复习教学有很大不同。强调了运用交流、评价促进观念的内化,教师在事先编制好 IMMEX-C 问题,根据 IMMEX-C 评价在充分掌握学生思维特点、科学了解学生的策略表现等基础上可以及时进行干预和指导,并定期跟踪了解学生在经过干预之后所发生的变化,为不同学生进行思维分析、定制不同的学习计划,提供了可行的方法,转变学生学习行为,转变教师教学方式,真正提高化学复习教学的有效性。

运用多样化的教学策略有助于学生把握知识的内在联系,发展抽象思维能力,掌握化学学科的学习方法,形成解决问题的基本思路,感悟知识中蕴含的化学观念,促进化学核心观念的建构。

【案例4】　物质的溶解度(第2课时)

教　材:《九年义务教育课本　化学》九年级第一学期(试用本)第3章第2节,上海教育出版社

执教者:上海市光明初级中学　陈伟红

(一) 背景

一个接受过中学化学教育的学生,在他离开学校不再学习化学的若干年之后,他的头脑中还能留下什么? 许多专家研究后得到的结论是:他的头脑中留存的并不是那些纷繁复杂的具体的事实性的化学知识,而是在学习这些事实性知识的过程中逐步形成的对化学科学的本质、特征、价值的基本认识,即化学核心观念。基于这样一种认识,上海市课程标准十分明确地把"形成有关化学科学的核心观念"作为化学新课程的重要目标。这就要求我们的教学要从以"事实为本"向以"观念为本"转变。

本案例以初中化学第3章《溶液》第2节《溶解度(2)》为例谈谈笔者对"以建构化学核心观念为本"的教学设计的实践和研究。

(二) 观念的识别

《溶解度》是上教版教材第3章第2节的内容,整节内容分3课时,第1课时的内容是不饱和溶液和饱和溶液以及物质的溶解性的影响因素;第2课时是溶解度的概念和固体物质的溶解度曲线,第3课时是有关溶解度的计算。本课是第2课时的内容,在整节内容中起着承上启下的作用。本课时的教学目标为:知识与技能:理解固体物质溶解度的概念;了解溶解度数据的表示方法,提高读表识图的能力;理解溶解度曲线的含义。过程与方法:初步体验用控制变量法分析问题、解决问题;了解由特殊到一般的思维方法。情感态度与价值观:体验"溶解是有限度"的核心观念。

"平衡观"——化学反应的方向和限度,是中学化学核心观念的重要组成部分,这个核心观念是建立在以下基本认识的基础上的:化学反应有快慢的;化学反应的快慢由反应物的浓度决定;化学反应的快慢由反应物的本性决定;化学反应有方向的;化学反应有限度的;化学反应有平衡的;内因或外因的改变会影响反应的快慢、方向、限度和平衡;化学反应是可控的;控制化学反应有实际意义。中学化学教材中对于这些基本认识的呈现是分层递进、循环往复的,因此学生对于"化学反应的方向和限度"这个化学观念的建构过程应该是一个从低层次到高层次,从片面到全面的,从模糊到清晰的螺旋上升、递进的过程。

初中化学《溶液》中的"溶解度"是学生建立在基本理解"溶解是有限度的,溶质、溶剂的性质以及温度会影响溶解的限度"上的一个核心概念,这个核心概念的建构是学生对"化学反应的方向和限度"这个核心观念的最低层次的体会和理解。这个低层次的体会和理解有助于学

生在高一阶段学习"溶解与结晶"时建构"溶解与结晶的动态平衡"的核心概念,是对"化学反应的方向和限度"这个核心观念高一层次的理解的基石。而"溶解与结晶的动态平衡"这一层次的观念理解有助于学生在高二、高三学习时建构电离平衡、水解平衡、勒夏特列原理等核心概念,是学生对"化学反应的方向和限度"这个核心观念的更高层次的体会和理解的基础。可见从本节课中提炼出来的核心观念具有可迁移性、高概括性、更能揭示事物变化的本质等特点,对于学生将来认识"化学反应是有方向和限度"具有重要的奠基作用。学生对核心观念的建构是一个日积月累的漫长的过程,学生在不同阶段对同一观念的理解是不同的,高层次的观念是在低层次的观念的基础上发展起来的。

(三) 基本理解

为了帮助刚踏进化学大门的初三学生建构"溶解度"的核心概念,对"化学反应的方向和限度"这个核心观念有一个低层次的体会和理解,《溶解度(2)》这节课设计的基本理解如下:物质的溶解有物理变化的过程,也有化学变化的过程;物质的溶解是有限度的;物质的溶解能力受溶质、溶剂的性质影响;固体物质的溶解能力受温度的影响;比较不同物质的溶解能力需要控制相同的条件;比较不同物质的溶解能力的定量标准——溶解度。这些基本理解之间的是层层递进的关系,前面的基本理解是后面基本理解的基础,而后面的基本理解则是在前面基本理解的基础上更深层次的理解。

(四) 教学设计

"平衡观"——化学反应的方向和限度,这一核心观念的建构不是一蹴而就的,是要靠学生日积月累、慢慢体会感悟的,它是具有高概括性、迁移性和指导性的上位的知识。以"观念为本"的教学设计要遵循理解性原则,为了更好地帮助学生理解"溶解是有限度的",本节课的设计安排了很多学生活动,让学生在活动中理解基本认识,建构核心概念,初步体验"平衡观"。

本节课的设计采用的是"问题驱动策略",所谓问题驱动,就是指通过问题的提出,调动学生的内在认知需求,激发学生求知的欲望,诱发学生的探索意识,让学生在提出问题、分析问题、解决问题的过程中增长智慧、提高能力、陶冶情操。问题驱动策略强调把学习设置到复杂的、有意义的问题情景中,通过让学习者合作解决真正的问题,来学习隐含于问题背后的科学知识,以最终识别和建立化学的核心观念。

以问题驱动的教学流程为:提出问题—分析问题—解决问题。

1. 提出问题

从学生感兴趣的问题"比较中国飞人刘翔和世界男子百米冠军鲍威尔谁跑得更快?"引入,这个问题来源于学生感兴趣的体育项目,与学生崇拜的偶像有关,一石激起千层浪,有效地激发了学生参与讨论的兴趣,使学生很快进入了思想比较集中的学习状态。学生得出结论:不能比较,原因是两位名将的参赛项目不同,没有可比性。这个问题的解决激活了学生的经验:要控制相同的条件才能对不同的事物进行比较,于是便顺势提出这节课的核心问题:氯化钠和硝酸钾的溶解能力谁强?应该怎样比较?

建构主义教学理论指出学习者不是空着脑袋走进教室的,在以往的生活、学习和交往活动中,他们逐步形成了自己对各种现象的理解和看法,而且,他们具有利用现有知识经验进行推论和迁移的智力潜能。因此问题的设计要接近学生现有的认知结构。学生在生活中有很多关于"比较"的经历,通过激活学生生活中用"比较"解决问题的经验、方法,进而迁移到新问题的解决中。

2. 分析问题

为了分析核心问题,本节课设计了几个基本问题,让学生在解决基本问题的过程中形成基本认识,建构核心概念,体验和识别核心观念。

基本问题 1:氯化钠和硝酸钾的溶解能力受哪些因素的影响?要比较两者的溶解能力应该控制哪些变量?

学生在思考、讨论中形成基本理解:物质的溶解能力受溶质、溶剂的性质影响;固体物质的溶解能力受温度的影响。学生将"比较"的生活经验迁移到分析新问题中,得出比较两种物质的溶解能力时要控制的几个变量,得出正确的实验方案,从而初步体验核心观念:物质的溶解是有限度的,且受内因和外因的共同影响。

基本问题 2:怎样定量地表示物质的溶解能力?

学生在讨论比较方案的过程中发现了新的问题,要比较就要有个比较的标准,这个标准就是这节课的核心概念——溶解度。学生在讨论过程中自主建构"溶解度"的概念。在讨论溶解度的四要素的过程中再次让学生体验核心观念:溶解是有限度的,这个限度受外因——温度的影响。

基本问题 3:溶解度怎样表示?

在建构"溶解度"概念的过程中,学生形成了基本理解:固体物质的溶解限度与外界条件温度密切相关。由此发现新的问题:溶解度怎样表示?固体物质的溶解限度受温度的影响,所以在表示物质的溶解限度时一定要强调具体的温度,而学生在物理学科和数学学科都有关于列表法和图像法的学习经验,他们有能力将已有经验和新知"溶解度"结合,体验溶解度的表示方法。

基本问题 4:溶解度曲线图中有哪些含义?

学生通过体验列表法能比较直观地感受到溶解是有限度的,且这个限度受温度的影响明显,有利于巩固学生前面已经建立的基本理解。而学生从固体物质的溶解度曲线的图像中则可以得到关于物质的溶解限度的更多的信息。如:曲线的每个点表示固体物质在某温度时达到了溶解的限度,处于饱和状态。为了帮助学生对溶解的限度和方向有更深入的理解,设计学生活动:40℃时在 100 g 水中加入 40 g 硝酸钾配成溶液,你能在溶解度曲线图中找到代表此溶液的点吗?在该溶液中再加 10 g 硝酸钾、再加 10 g 硝酸钾、分别加热到 60℃或是再加 20 g 硝酸钾,这些溶液的点能找到吗?你有什么发现?学生在标出各个溶液的点的过程中发现前几个溶液的点都在溶解度曲线的下方区域,这些溶液中固体物质都没有达到溶解的限度,可以通过不断加溶质的方法使其达到溶解的限度。形成基本理解:溶解度曲线下方区域表示某物质在某温度时的不饱和状态。学生在标最后这个溶液的点时出现了分歧,有学生认为应该是点(40,80),在溶解度曲线上方区域,也有学生认为是点(40,65),在溶解度曲线上。学生在思考、讨论、争执中最终达成共识,因为固体物质的溶解有限度,所加的固体物质超过了其溶解的限度,所以不能全部溶解,饱和溶液的点还是在溶解度曲线上。

这个基本问题的解决让学生对"溶解是有限度的、有方向"这一核心观念的理解经历了三个层次:溶解度曲线上的点的含义让学生初步体验了溶解是有限度的,溶解度曲线下方区域的含义让学生进一步理解了溶解是有限度的,且溶解是有方向的,两种状态可以互相转换。

建构主义教学理论指出学习不仅仅是知识由外到内的转移和传递,而是学习者主动地建构自己的知识经验的过程,因此我们要提倡学生自主探究。建构主义的重要特征之一是：学生会利用已有的观念去理解所呈现的信息。学生在理解时通常会产生不同的观点或产生一些错误。因此在教学中应该让学生体会到,对同样的现象可能有不同的观点,每一种观点都具有其特殊的价值和优势。在自主探究的过程中,学生必须学会思考与评价,教师通过巡视的方法了解学生的不同见解及对问题理解的不足之处,并引导学生交流。利用组织性问句推动学生合作交流,促使学生对问题进行深入思考、分析出问题的本质。

3. 解决问题

学生在分析问题的过程中自主建构了如下新知：比较硝酸钾和氯化钠的溶解能力的实验方案、溶解度概念、溶解度表示方法、溶解度曲线点线面含义。在这个基础上再次提出这节课的核心问题：氯化钠和硝酸钾到底谁的溶解能力强? 应该怎样比较? 通过上述两个环节学生对问题有了自己的认识,那么他们就能结合自己的学习经历重新建构自己的认知结构,能顺利地根据前面分析问题过程中所建构的新知来解决问题。

建构主义教学理论指出学生是通过新经验与原有知识经验的相互作用,来充实、丰富和改造自己的知识经验,完善自己的认知结构。因此要将学生探索的结论呈现出来并充分体现学生的认知冲突,让学生主动的完善自己的认知结构。

(五) 实践反思

核心观念是具有高概括性、内隐性、指导性、持久性和可迁移性的上位知识,"以观念为本"的教学设计是以事实性知识为载体,让学生对事实性知识形成深层次的理解,最终建构具有可迁移性的核心观念,对学生的后续学习产生持续性的、指导性的作用。本节课采用"问题驱动"的教学策略,旨在以核心问题的提出、分析、解决问题为学习的主线,帮助学生对事实性的知识形成深层次的理解,有助于学生体验、感悟和建构核心观念。

1. 在问题探究中构建新知识,体验核心观念

认知心理学理论认为,问题包括起始状态(问题被认知时问题解决者所处的情况、旧知识的储备)、目标状态(问题解决者所要寻求的结果、新知识的形成)以及由操作引起的从起始状态转化为目标状态的种种中间状态(探究过程)。学习不只是新信息的简单吸收,而是通过新、旧知识经验的相互作用而实现的意义建构,即新经验需要被同化到原有经验结构之中,而新经验的进入又会在不同程度上导致原有经验结构的调整和改变,通过这种相互作用,学习者才能发展起更深层、更丰富、更灵活的一体化的认知结构。问题驱动教学构建知识的过程中注重学习者的经验(个体体验、个体认知),促进个体参与探究,有利于学习者梳理已获知识,形成选择并运用经验去解决问题的能力。本节课的设计以核心问题的三个状态为教学主线,用问题激发学生的学习兴趣,在分析问题中让新、旧知识相互作用,产生有意义的新的认知建构。在此过程中,学生对新知识的认知并不全部源于接受简单的供给,而来源于亲身的探究,生成于自己的思维之中,从这一方面来说,新经验的获得并不局限于知识的本身,也体现在获取知识的过程与方法中。

2. 问题解决中寻找新问题的"生长点",达到对基本认识的理解

在一个问题解决后,如何产生新的问题? 这是化学学习思维的连续性和持续性的体现。教育心理学告诉我们,学生的思维是从问题开始的,所以学习过程从本质上说是一个问题解决的过程。只有不断探索、不断思考才能形成一个又一个有实际意义的有待于进一步解决的问题。教师应善于引导学生发现问题、提出问题,例如上述教学过程中"分析问题"中的四个基本

问题就是环环相扣,后面的问题都是在前面问题中生长出来的,学生在真实的问题情景中解决问题,掌握概念,建构新的认知结构,体验化学核心观念。

总之,以"观念为本"的教学设计继承了以"事实为本"的教学设计的优点——重事实性知识,但它又有所超越。以"观念为本"的教学设计更重视学生对事实性知识的深层次理解,以提炼、归纳出对学生终身发展有深远意义的核心观念为前瞻目标。这样的教学设计正是基于"以学生的发展为本"的新课程理念而萌生的,是值得我们广大的一线教师深入学习、实践和推广的。

【案例5】　酸碱中和反应

教　材:《九年义务教育课本　化学》九年级第一学期(试用本)第5章第1节,上海教育出版社

执教者:上海市光明初级中学　陈伟红

(一) 教学设计思路

"中和反应"是初中化学中的一个重要概念,本课的教学是一节概念课的教学。在教学设计中重视学生对概念的形成过程,力求让学生在教学过程中逐步体验概念的内涵,最终能水到渠成地完成核心观念的建构。

氢氧化钠和盐酸的反应是无明显现象的反应,一般需要通过酸碱指示剂的颜色变化来证明反应的发生。为什么这个反应会放热? 为什么利用酸碱指示剂能证明反应的发生? 宏观上表现出的这些现象只有从微观层面去分析才能找到解释。通过从微观角度分析认识反应的过程,有助于学生感受和理解化学"宏观—微观—符号"的三重表征,有利于学生建构化学学科的"微粒观"。

通过分析反应的微观过程,猜测热量的变化与微观反应过程的相关性,再通过实验来收集证据验证猜测。在分析解决问题的过程中体验化学"实证"的学科思想和方法——"实验观"。收集"实证"的过程中通过"定性实验""定量实验"让学生感受多元化、多角度的实验研究方法,尤其是通过引入"数字化实验"将看不到的化学反应过程"可视化",有利于学生对"微粒观"的认识和理解。通过"数字化实验"的结果以图形方式呈现,并对图形进一步分析,有利于学生对"定性实验"的实证的分析和理解;通过"数字化实验"的数据的采集,感受实验研究工具的进步为化学研究带来的便利;通过对数据的分析,提高学生的数据分析能力的同时更有利于理解问题的本质。

教学设计中还借助动画的形式帮助学生理解复分解反应的微观过程。从讨论化学变化宏观表现出的放热的现象与微粒结合的主动性和相关性着手,通过收集、分析不同的实证,从而感知中和反应的本质是酸中氢与碱中的氢氧根结合并放出热量的过程。

(二) 教学内容分析

1. 课标与教材分析

中和反应在课程标准中的要求是理解层次。《酸碱中和反应》是教材第5章第2课时的教学内容,是一级主题《常见化合物》的重要内容,也是酸和碱的重要性质之一。教材编排中先学习酸碱中和反应,之后再学习酸和碱的性质,因此本课时的内容是对后续内容学习

的铺垫。

2. 学情分析

(1) 知识储备。在低年级的科学课、化学课第 3 章《溶液的酸碱性》中已经学习了酸溶液和碱溶液的酸碱性、酸碱指示剂、溶液酸碱度的表示方法等相关知识,为本节课讨论酸和碱的反应做好了知识储备。

(2) 能力储备。学生在之前的化学学习和其他科学的学习中多次体验了探究式的学习方式,因此具备了一定的问题探究能力和小组合作学习的经验,为本课的教学活动的展开做好了能力储备。

(3) 方法的储备。在第 2 章的《物质的量》、《质量守恒定律》、第 3 章的《溶解度》等概念课的学习中已经体验过概念形成的过程和实证的思想,为本课的学习做好了方法的储备。

(三) 教学目标

1. 知识与技能

(1) 知道中和反应的概念。

(2) 了解中和反应的特征。

(3) 知道生活中简单的中和反应的原理。

2. 过程与方法

(1) 通过收集"反应放热与微粒重组关系"的实证,体验科学研究中实证的思想和方法,体现"微粒观"和"实验观"。

(2) 通过多角度收集证据,学习定性定量研究、对照实验等方法,体验实验数据处理和分析的一般过程。

3. 情感态度与价值观

通过讨论生活中的酸碱中和反应,感受"化学服务于生活"的"化学价值观"。

(四) 教学重点和难点

1. 教学重点

中和反应是一个重要的基本概念,如何通过教学活动帮助学生体验概念的内涵并最终形成概念是本课的重点。

2. 教学难点

由于教材中不提及离子,如何让学生理解中和反应的内涵是本课的难点。

(五) 教学流程图(见下页)

(六) 教学过程

1. 实验引入

利用实验"彩虹管"的制作引入,通过实验中紫甘蓝汁的不同的颜色变化形成视觉冲击,激发学生的学习兴趣。通过分析紫甘蓝汁不同的颜色变化的原因,激发学生的"前认知",为后续的教学环节的开展做好知识铺垫。

2. 分析原理,形成认知

通过讨论"彩虹管"中间部位的紫色能否说明氢氧化钠和盐酸发生化学反应、如何利用彩虹管证明氢氧化钠和盐酸能发生化学反应并实验验证,帮助学生形成认知:氢氧化钠和盐酸能发生化学反应。再通过实验氢氧化钠溶液和盐酸混合,进一步帮助学生形成认知:化学反应中无明显现象的反应往往需要借助于指示剂等辅助手段来说明反应的发生。

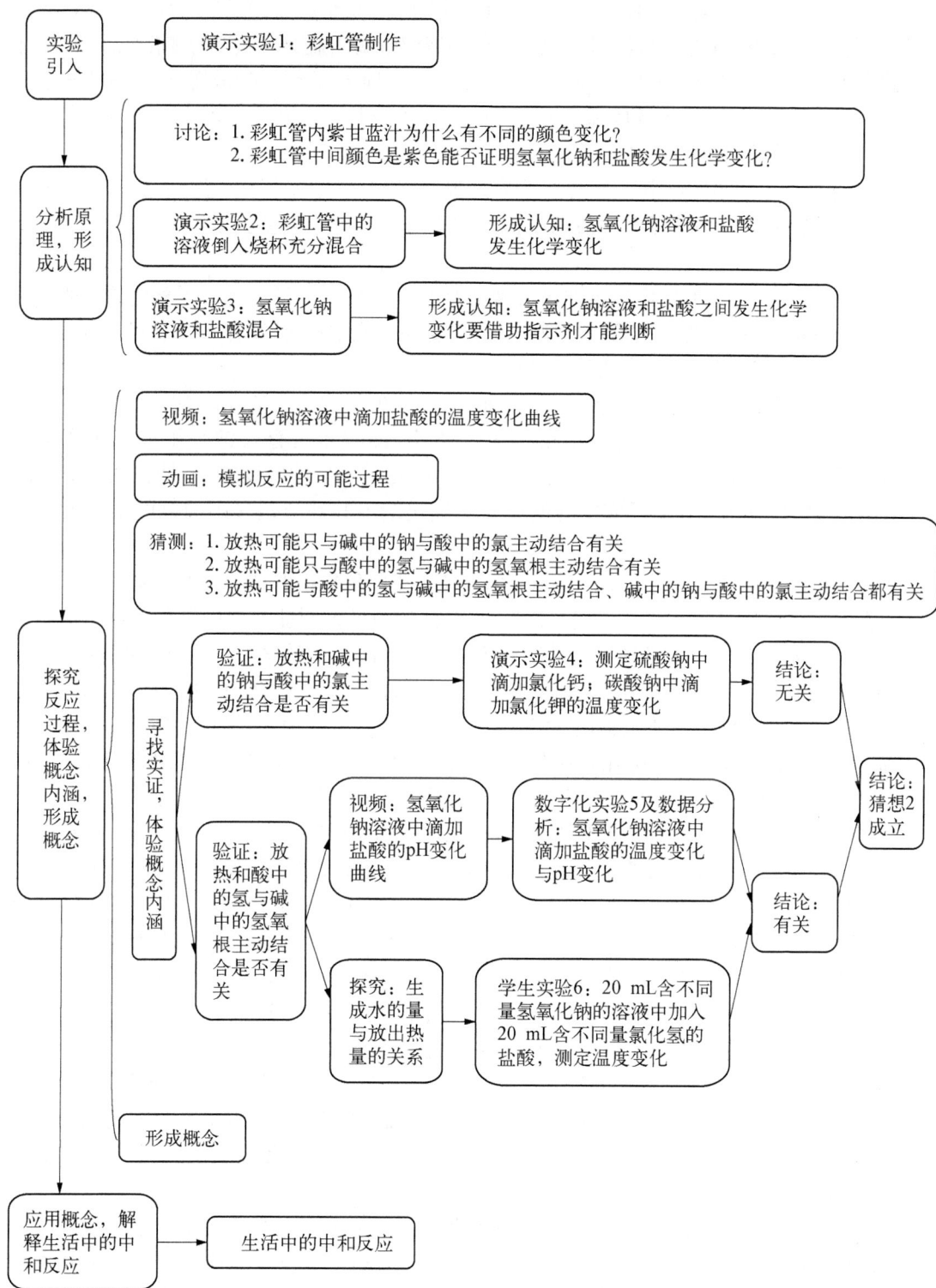

实验引入 → 演示实验1：彩虹管制作

分析原理，形成认知

讨论：1. 彩虹管内紫甘蓝汁为什么有不同的颜色变化？
2. 彩虹管中间颜色是紫色能否证明氢氧化钠和盐酸发生化学变化？

演示实验2：彩虹管中的溶液倒入烧杯充分混合 → 形成认知：氢氧化钠溶液和盐酸发生化学变化

演示实验3：氢氧化钠溶液和盐酸混合 → 形成认知：氢氧化钠溶液和盐酸之间发生化学变化要借助指示剂才能判断

探究反应过程，体验概念内涵，形成概念

视频：氢氧化钠溶液中滴加盐酸的温度变化曲线

动画：模拟反应的可能过程

猜测：1. 放热可能只与碱中的钠与酸中的氯主动结合有关
2. 放热可能只与酸中的氢与碱中的氢氧根主动结合有关
3. 放热可能与酸中的氢与碱中的氢氧根主动结合、碱中的钠与酸中的氯主动结合都有关

寻找实证，体验概念内涵

验证：放热和碱中的钠与酸中的氯主动结合是否有关 → 演示实验4：测定硫酸钠中滴加氯化钙；碳酸钠中滴加氯化钾的温度变化 → 结论：无关

结论：猜想2成立

验证：放热和酸中的氢与碱中的氢氧根主动结合是否有关 → 视频：氢氧化钠溶液中滴加盐酸的pH变化曲线 → 数字化实验5及数据分析：氢氧化钠溶液中滴加盐酸的温度变化与pH变化 → 结论：有关

探究：生成水的量与放出热量的关系 → 学生实验6：20 mL含不同量氢氧化钠的溶液中加入20 mL含不同量氯化氢的盐酸，测定温度变化

形成概念

应用概念，解释生活中的中和反应 → 生活中的中和反应

3. 探究反应过程，理解概念内涵，形成概念

在氢氧化钠溶液和盐酸混合的实验中只有一个同学有机会感受到了这个反应过程是放热的过程，利用"数字化"实验设备实时呈现氢氧化钠溶液中滴入盐酸时温度的变化曲线，让全体学生感受到这个反应是放热的反应，而且在盐酸加到一定量时温度达到最高，这为后续教学环节提出核心问题"反应中的热量从哪里来？"提供了事实依据。也为后续教学环节中数字化实验的进一步应用作了第一步铺垫。

通过动画演示"交换舞伴"，帮助学生从微观层面理解氢氧化钠和盐酸之间反应的微观过程，也为学生在后续课时有关酸、碱、盐的性质的学习中理解复分解反应的微观过程打好基础。

根据"交换舞伴"的动画，学生推理出氢氧化钠和盐酸反应的产物，结合氢氧化钠溶液中滴入盐酸时放热的现象，学生提出猜测反应中放出热量与反应中哪对"舞伴"的主动结合有关。

通过实验收集证据来佐证猜测是否成立？

(1) 收集证据佐证放热与氢氧化钠中的钠与盐酸中的氯的结合是否有关？

运用替换、比较、归纳的实验思想设计实验方案，测定多组存在钠与氯组合的体系中两种溶液混合前后温度的变化。根据混合前后温度几乎不变的实验结果，结合课外测定的更多的实验结果，得出结论：反应中的放热与氢氧化钠中的钠与盐酸中的氯的结合没有直接的关系。

(2) 收集证据佐证放热与盐酸中的氢与氢氧化钠中的氢氧根的结合是否有关？

"彩虹管"中的溶液倒入烧杯后变成紫色，从定性的角度说明盐酸中的氢和氢氧化钠中的氢氧根结合成水。我们也可以利用更精准的方法——测溶液的酸碱度 pH 来证明这一对"舞伴"的重组。再次利用"数字化实验"呈现在氢氧化钠溶液中滴入盐酸时 pH 的变化曲线。通过观察 pH 的变化曲线的动态过程，感受溶液体系中随着盐酸的加入，氢和氢氧根结合成水的量逐渐增多，体系内的氢氧根逐渐减小甚至消失，而氢的量在盐酸加到一定量时出现在体系内并继续增加，从而形成认知：在 pH 值等于 7 附近时氢和氢氧根恰好完全结合。

结合学生之前观察到的氢氧化钠溶液中滴加盐酸时的温度变化曲线中的最高点，提出问题：温度达到最高时滴加盐酸的量与氢和氢氧根恰好完全结合时所加的盐酸的量是否一致？于是，再次利用"数字化实验"同时呈现氢氧化钠溶液中滴加盐酸的温度变化曲线和 pH 变化曲线，通过观察两根曲线的动态变化过程，学生不难发现当氢和氢氧根完全中和时温度达到最高。这个实验证据表明反应的放热与氢和氢氧根的结合有直接关系。

根据"反应放热与氢和氢氧根的结合有关"的结论，提出新的问题：当反应中生成的水的量改变时，放出的热量是否变化？学生有认为变化也有认为不变的，于是利用三组对比实验：分别测定 20 mL 氢氧化钠溶液与 20 mL 盐酸混合生成水的量分别是 0.02 mol、0.03 mol、0.04 mol 的体系的温度变化。实验结果显示：生成的水越多，温度升高越多；生成的水的物质的量之比和温度升高的量之比相等。这个定量的实验证据再次说明反应的放热与氢和氢氧根的结合有直接关系。

再次运用替换和归纳的方法，提出如果将氢氧化钠换成氢氧化钡或是将盐酸换成硫酸，实验结果依旧不变。通过讨论这两个新的反应的产物，比较这三个反应的相同点和不同点，推断酸和碱这两类物质反应的共同点和不同点，最终建构中和反应的概念，同时归纳这一类反应的特点和本质。

4. 应用概念，解释生活中的中和反应

通过分析治疗胃酸过多的药物的成分及反应原理，体验中和反应在生活中的应用。通过讨论两个演示实验后的废液的处理方法，反馈学生对中和反应的理解和掌握程度，同时也锻炼学生学以致用的能力。

(七) 教学反思

1. 关注核心观念的建构，促进概念的形成

概念课的教学有其特殊性，也有多种教学方法。运用学生的认知规律，发挥实验功能，关注核心观念的建构，可以说是学生概念形成的催化剂，本课的教学设计中通过宏观和微观的有机结合、定性研究和定量研究方法的整合、实证思想的强化等，有利于"微粒观""变化观"和"实验观"等化学学科核心观念的建构。

2. 充分发挥实验的教学功能

利用彩虹管的实验引入，有效激发学生的学习兴趣。通过分析彩虹管形成的化学原理帮助学生理解酸碱能发生化学反应；通过多个实验多角度收集实证，分析实证进而得出结论解决问题。在体验问题解决的一般过程和常用方法的同时，体验问题解决常用的实证的思想；常规的定性实验往往只能反映出宏观的反应现象，但不能精确地显示反应的过程。本课的实验借助于数字化实验将肉眼看不到的化学反应过程借助 pH 变化的动态方式呈现，促进学生对反应过程的理解。利用一个实验不同角度的数据分析、不同组实验的数据分析，在提升学生对实验数据和图像的分析和处理能力的同时，帮助学生从定性和定量的角度深层次的理解概念的内涵。

第二节　常见的无机物教学案例

【案例1】　海水晒盐

教　材：《高级中学课本　化学》高中一年级第一学期(试用本)第 2 章第 1 节，上海科学技术出版社

执教者：上海市大同中学　陆莉萍

(一) 教学设计思路

本节课采用以学生合作学习、自主探究为主的教学方式，同时充分发挥现代信息技术与化学学科的整合作用。在整个课堂教学过程中，以学生为主体，以问题为线索，坚持启发式教学。在教学的各个环节不断为学生创设问题情境，通过分析、预测、证实或证伪，利用"实验探究"解决情境中与化学相关的实际问题，发展学生的实验探究能力，引导学生建构"元素观""微粒观""变化观""实验观"和"化学价值观"。

(二) 教学内容分析

1. 课标与教材分析

本节课内容在课程标准中的要求是理解层次。本课时主题是高一第 2 章《开发海水中的卤素资源》的第 1 节《以食盐为原料的化工产品》的第 1 课时。本章是学生在高中学习的第一种元素及其化合物知识，无论从学习的难度、深度还是广度都与初中的元素化学学习方式有很

大的差异。因此,氯元素作为高中学习的第一种非金属元素可以说是学生以后学习元素化合物知识,尤其是非金属元素化学知识的模板,所以对学生学习能力的培养和学法指导显得尤为重要。本节课是本章的第1课时,旨在通过激发学生的学习兴趣基础上,构建元素化学学习的一般思路和方法。

教材的编排强调化学与生活、化学与工业生产的联系,从学生身边的熟悉的知识——海水晒盐出发展开脉络,以贴近学生生活的方式打破了传统的以学科知识为中心的学习方式,更关注学习活动的探究性和获得知识的过程。本节主题"海水晒盐"正是突破这个脉络的前沿阵地,为后面元素化学的学习奠定基础。

2. 学情分析

在初中阶段,学生学习了混合物的分离和提取的方法,初步掌握了实验探究的思路和程序。通过第1章《打开原子世界的大门》的学习,学生对物质的微观世界有了更加全面和深入的认识。初中做过的学生实验"粗盐的提纯"所用到的方法也有助于迁移到粗盐除杂中来,因而这为本课时教学提供了思维和方法的基础,有利于本节课的教学。

海水作为学生熟悉的物质,通过海水获得粗盐对学生来说并不陌生。但教材设计了图表让学生探索"密度控制法"提取粗盐则对学生提出了新的要求。读图识表作为必备的能力,对于目前的学生来说,如何从大量的数据中分析得出结论还是困难的,因此教学中发展学生这方面的能力是本节教学目标之一。

本节内容对促进学生高阶思维发展的价值主要在于:① 重视并理解自然资源综合开发利用;形成珍惜资源、保护资源的情感、态度和观念;② 初步学习综合开发利用自然资源的方法;③ 在真实情境中展开生动、有效的学习活动;④ 拓宽眼界,感受化学的价值和魅力,形成正确的化学价值观。

(三) 教学目标

1. 知识与技能

(1)知道化学元素在海水中的存在形式以及从海水中提取卤素资源的一般方法,体现"元素观"和"变化观"。

(2)知道海水提取食盐的方法,解释制盐生产中控制卤水密度的范围的原因。

(3)说出粗盐中含有的杂质,会设计粗盐提纯的实验方案。

2. 过程与方法

(1)通过数据表格分析制盐生产中卤水密度的控制,提高分析与解决问题的能力。

(2)设计除去粗盐中可溶性杂质的方案,初步建立从离子反应的角度来分析、解决化学问题的能力,体现"微粒观"和"变化观"。

3. 情感态度与价值观

了解我国古代晒盐的悠久历史和现代晒盐的现代化工艺,提高对开发海洋资源的兴趣,增强海洋资源保护和国土意识,体现"化学价值观"。

(四) 教学重点、难点

1. 重点

分析海水晒盐过程中卤水密度的控制;除去粗盐中可溶性杂质方案的设计。

2. 难点

除去粗盐中可溶性杂质方案的优化。

（五）教学流程图

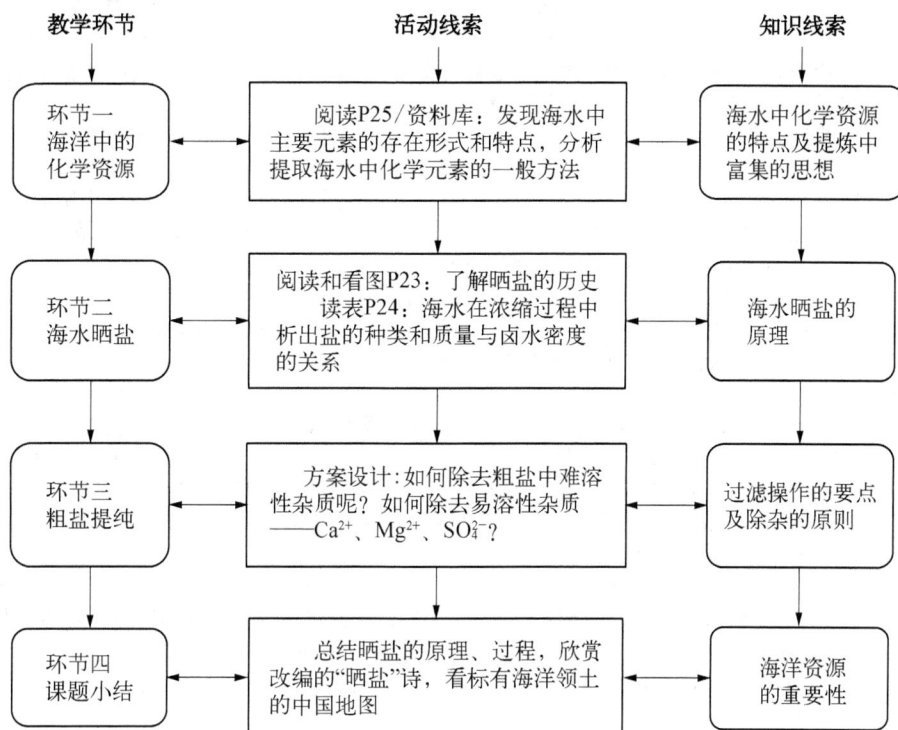

教学环节	活动线索	知识线索

```
环节一              阅读P25/资料库：发现海水中        海水中化学资源
海洋中的      ←→   主要元素的存在形式和特点，分析   ←→  的特点及提炼中
化学资源            提取海水中化学元素的一般方法         富集的思想

环节二              阅读和看图P23：了解晒盐的历史
海水晒盐      ←→   读表P24：海水在浓缩过程中         海水晒盐的
                   析出盐的种类和质量与卤水密度   ←→  原理
                   的关系

环节三              方案设计：如何除去粗盐中难溶        过滤操作的要点
粗盐提纯      ←→   性杂质呢？如何除去易溶性杂质   ←→  及除杂的原则
                   ——Ca²⁺、Mg²⁺、SO₄²⁻？

环节四              总结晒盐的原理、过程，欣赏          海洋资源
课题小结      ←→   改编的"晒盐"诗，看标有海洋领土  ←→  的重要性
                   的中国地图
```

（六）教学过程

教学环节	教　师　活　动	学　生　活　动
环节一 海洋中的化学资源	【引入】展示图片 【提出问题】海洋里有哪些资源？ 【提问】根据教材 P25 资料库，请思考： 　（1）元素在海洋中的存在形态和特点？ 　（2）提取海水中的物质一般方法是什么？ 　（3）海水中最容易提取的物质是什么？ 【提问】说说关于食盐的知识 【提问】总结学习元素化合物的一般方法	【回答】生物资源、化学资源（<u>卤素资源</u>）、能源、水资源、旅游资源等 【阅读、思考、回答】 　（1）以离子形式存在、浓度小，总量大 　（2）富集 　（3）食盐 【回答】用途等 【回答】结构、物理性质、化学性质、用途、存在、制法等
本环节 设计意图	精心设计导入新课 　　课一开始，学生就被一种愉快、和谐的情景所激励、所震撼，自然会激发学生学习的兴趣和主动参与教学过程的积极性，针对人类所共有的海洋情节，用较多的图片向学生展示海洋丰富的渔业资源和优美的沙滩，嬉戏的人群，同时向提出问题："你喜欢海洋吗？喜欢她的什么？"并进一步引导："海洋除了提供给我们最美好的休闲娱乐环境，看得见的丰富的渔业资源，还有溶解在海水中，无法直接看到的更大量的化学资源，你知道有哪些化学资源吗？如何得到这些资源？"学生的积极性被调动起来，也就自然地进入下一个环节——读表	

(续表)

教学环节	教 师 活 动	学 生 活 动

环节二
海水晒盐
	【提出问题】你了解人类历史上制盐的历史吗?
	【补充资料】古代"鹽"字、盐田法(录像)
	【提问】晒盐的方法、原理、关键
	
	【提出问题】根据 P24 表格
	(1) 析出 NaCl 的最小卤水密度是?
	(2) 卤水密度是不是越大越好,最大应该控制在多少?为什么?
	(3) 根据表格分析粗盐中的主要杂质
		【阅读】P23 关于我国晒盐历史的文字和图片
		【讨论】盐场的选址条件,提炼化工生产的基本要素
		【回答】方法:盐田法(太阳能蒸发法)
		     原理:蒸发溶剂结晶
		     关键:控制海水密度
		【分析、回答】P24 阅读表格,讨论海水在浓缩过程中析出盐的种类和质量与卤水密度的关系

本环节 设计意图	充分利用教材资源,重视学生学习能力的培养。课本中多次出现了表格、图片等教学资源,所以我在教学环节中多处设计了让学生读表、用表的环节,让学生不仅获得了结论性知识,更体验了知识获得的过程,这对学生的可持续发展是大有裨益的。在信息更新日益加快的时代,获取信息、分析信息、甄别信息、使用信息的能力比信息本身更为重要。分析出的杂质离子也为下一环节作铺垫。	

环节三
粗盐提纯
	在主板书"粗盐"的位置贴上一包大大的粗盐实物
	【提出问题】如何除去粗盐中难溶性杂质呢?
	     操作注意事项?
	【提出问题】如何除去易溶性杂质——
	Ca^{2+}、Mg^{2+}、SO_4^{2-}?
	     在主板书"精盐"的位置贴上一包大大的精盐实物
		【阅读、回忆、交流】边看书上的图、边回忆,交流溶解、过滤的基本操作和注意事项
		【回答】P24 思考与讨论
		
		【回答】沉淀法
		【讨论】所加入的试剂、作用、用量
		【讨论】怎样利用合适顺序解决过量试剂的问题
		【小结】除杂的基本原则:
		     不应引入新的杂质;所加入的试剂应稍过量

本环节 设计意图	本环节两个问题出发设计精制食盐的方案,引导学生将已有的知识应用到现实问题上来,引发学生思考。两包挂在黑板上的"粗盐"和"精盐"的实物展示,视觉上的冲击力也促进了学生主动学习、主动思考,先个别讨论,再考虑混合情况下的先后顺序,如何除杂完全,经过一番思辨,不仅总结出除杂的基本原则,对从微观的角度思考解决问题也提供了一种经验。整个讨论的过程既提高了学生思维的严密性,又培养学生的分析问题的能力。	

环节四
课堂小结
	【小结】改编诗:
	     晒盐日当午
	     过滤除去土
	     谁知菜中盐
	     克克皆辛苦
	【投影】画有我国海洋领土的地图
		【回顾本节课内容、学习过程、感悟体验】

本环节 设计意图	整节课从食盐的存在、用途,到晒盐、精制,步步深入,最后"打油诗"点题,形成珍惜资源、保护资源的情感、态度和观念。本节课开头和结尾展示了两次海洋图片,既是前后呼应,又是学习的起点和终点。开始展示图片,体现学生对海洋的了解,激发学习兴趣。最后展示图片,是告诉学生,海洋不仅是巨大的资源库,更是我们的国土。使学生感受到要学好化学知识对合理利用资源、"化学使生活更美好"的重要性	

（七）教学反思

学生在初三时已经学过了氯化钠溶解度、结晶、粗盐提纯等相关知识。高一在此基础上如何安排教学？是否应该在知识层次、能力层次和情感层次上再提升一个台阶？是否应该在学习方式上有一些转变？如何基于观念建构开展教学？基于以上思考，我着重在以下三个方面进行了设计：

1. 抓住知识学习的主线，从"宏观辨识到微观探析"，从定性到定量分析

课本提供了《海水中主要元素的含量表》《海水在浓缩过程中析出盐的种类和质量表》和《粗盐提纯示意图》。以三张图表、三次阅读和三次讨论为学习的主线，环环相扣，层层展开学习过程。从海水是咸的，知道海水中含有氯化钠，这是一个定性的常识。海水中含有多少氯化钠，还有没有其他物质？《海水中主要元素的含量表》就是一个重要的定量知识，是学习的抓手和出发点。从表格给出的数据可知，海水中含有很多化学物质，除水外，氯化钠含量最多，容易分离，使用最早。为了使析出的氯化钠最多，杂质最少，不能采用蒸干的办法提取氯化钠。生产中采用较方便的控制密度的方法。《海水在浓缩过程中析出盐的种类和质量表》提供了较详细的数据表格，学生只有仔细分析数据，才能找出卤水密度控制的范围。通过两张表格的阅读，学生提高了定量分析问题能力。尽管控制了结晶的条件，但析出的食盐中还含有一定杂质，提纯食盐是本节课的尾声。学生已经知道粗盐中含有哪些杂质，在阅读《学生实验》示意图之后，必定会思考粗盐除杂的问题：需加入哪些试剂？加入的试剂不是适量而是过量时，如何调整加入试剂的次序，才能少引入其他杂质，得到较纯净的氯化钠？经过一番思辨，学生提高了思维的缜密性。

2. 从接受学习到自主学习，体验学习策略，掌握学习方法

现在的课堂讲得多，学得少。教师讲学生听，教师写学生记。一主一从，一前一后，时间一长学生的主动性萎缩，惰性增长，一旦离开教师和学校就不知道怎么学？终生学习就成了一句空话。这是当前学习的最大危机。适时、适度将接受学习和自主学习结合起来，积极引导学生从被动学习到主动学习再到自主学习是我们的努力方向。在这个变化过程，可以由教师到学生，由形式到本质，逐渐展开。本节课具备了一定自主学习的条件：学生有知识基础，教材可读性强。鉴于目前学生的自主学习的习惯还未养成，还需要老师鼓励和引导，我设计了如下学生的自主学习的步骤：

（1）教师提出问题，学生阅读课本，初步给出答案。

（2）自学能力较强的学生带动其他学生提出问题，阅读课本，给出答案，体验阅读和归纳的方法。

（3）大多数学生尝试提出问题，能运用阅读和归纳法阅读课本，给出答案。

（4）全体学生会提出问题，能运用阅读、归纳、质疑的方法，会表述答案和提出疑问。在解决问题基础上，体验学习策略，让学生在掌握学习策略的基础上，开展自主学习，是开展自主学习的一个重要的途径。本节课就是一次尝试，让学生在自主学习中初步学会阅读、归纳、质疑和表达。

3. 从追求知识到提高责任，促进学生情感变化，体现"化学价值观"

学习的结果不仅仅是一个满意的分数，更是一次成功的愉悦，一次情感的升华。学习有趣有用，学习成功了，学习的动力就有了。所以学习的情感体验很重要。整节课从食盐的存在、用途，到晒盐、精制，步步深入，最后"打油诗"点题，使学生感受到学好化学知识对合理利用资源、化学使生活更美好的情感。本节课开头和结尾展示了两次海洋图片，既是前后呼应，又是学习的起点和终点。开始展示图片，体现学生对海洋的了解，激发学习兴趣。最后展示图片，

是告诉学生,海洋不仅是巨大的资源库,更是我们的国土。21世纪是中国走向海洋的世纪,我们的国土面积不是九百六十万平方公里,还应该包括约三百平方公里的海洋国土面积,补上这一课是必要的,是我们教师义不容辞的责任。

【案例2】 氯溴碘的活泼性比较

教　材:《高级中学课本　化学》高中一年级第二学期(试用本)第2章第3节,上海科学
　　　　技术出版社

执教者:上海市敬业中学　姚澄

(一) 教学设计的思路

课堂教学是学生建构化学学科核心观念,培育化学核心素养的主阵地。教材是学生学习的重要文本,化学学科的核心观念常内隐在教材内容中。上海科学技术出版社教材里素材众多,如"资料库""思考与练习""探究与实践""拓展视野""化学史话"……笔者认为根据教学内容,选择性的开发和使用好这些素材,有利于在教与学中建构学科核心观念,培育学生的学科核心素养。

本节课的研究对象为氯、溴、碘,是学生进入高中以后第一次接触到的同族元素,也是元素周期表中最典型的非金属元素,其单质和化合物在结构和化学性质上的递变性、相似性、特殊性在主族元素中具有代表性。对氯溴碘的活泼性比较的学习,有利于学生进一步感悟化学学科"结构性质观"——物质结构决定性质、性质反映物质结构,感受到化学知识之间不是孤立的,而是有规律可循的,为高二、高三系统的学习元素周期律、元素周期表做好准备。

教材中与本节课内容相关的素材较多,围绕本节课的教学内容和结构决定性质,性质反映结构的化学思想,可以利用的课本素材及蕴含的化学核心观念如下:

课　本　素　材	化学核心观念与方法
化学活泼性的解析	类比与迁移的方法
探究与实践《比较氯、溴、碘的化学活泼性》	实验观——科学探究
思考与练习"画出氟氯溴碘的原子结构示意图"	微粒观、模型观
资料库《氯、溴、碘的单质跟氢气的化合》	能量观
资料库《卤素的应用》、拓展视野《臭氧层的保护与氟利昂》	化学价值观
化学史话《无意的发现和不懈的追求》	科学本质观

因此,本节课教学设计的基本思路为:引导学生从氧化还原的角度分析、理解金属单质活泼性与非金属单质活泼性的含义。通过实验探究,理解利用置换反应比较非金属单质活泼性的方法及氯、溴、碘单质活泼性(氧化性)的递变规律。再从原子结构特征分析,理解氯、溴、碘化学性质的相似性和差异性。最后通过卤素原子结构与性质关系的分析,感悟物质结构决定性质、性质反映物质结构的化学核心思想。整个教学过程中,既有理论推导,又有实验探究;既有对宏观现象的辨识,又有从微观的角度的探析。力求在对氯、溴、碘单质活泼性(氧化性)的

递变规律的探究中,提升学生的学科核心素养。

(二) 教学流程图

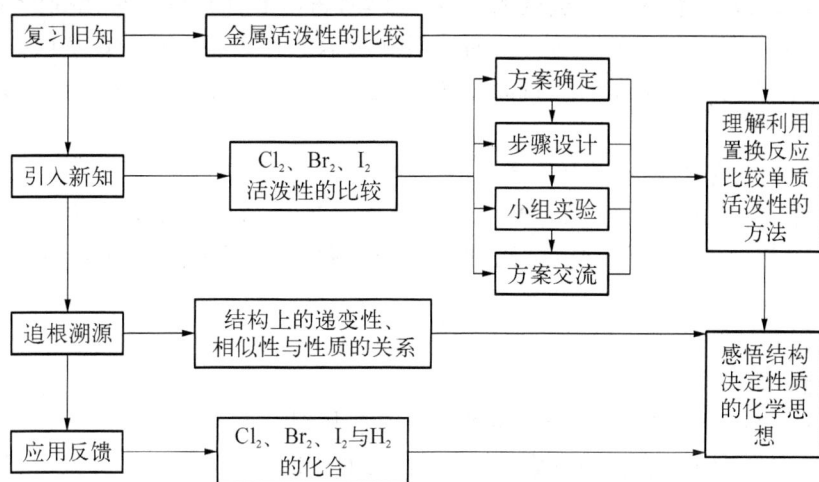

```
复习旧知 ──────→ 金属活泼性的比较 ──────────────────────────┐
                                    ┌──→ 方案确定           │
                                    │                       理解利用
                                    ├──→ 步骤设计           置换反应
引入新知 ──────→ Cl₂、Br₂、I₂ ──────┤                       比较单质
                 活泼性的比较        ├──→ 小组实验           活泼性的
                                    │                       方法
                                    └──→ 方案交流 ──────────┘

追根溯源 ──────→ 结构上的递变性、 ─────────────────────────┐
                 相似性与性质的关系                          感悟结构
                                                            决定性质
                                                            的化学思
应用反馈 ──────→ Cl₂、Br₂、I₂与H₂ ──────────────────────────想
                 的化合
```

(三) 教学片断

片断 1:类比迁移,理解"化学活泼性"的本质

【课本素材】 "探究与实践"中有这样一段话:"要比较物质的化学活泼性有哪些基本方法？在初中化学中我们根据金属的活动性可以判断相关置换反应能否发生,所以我们也可以通过一种元素的单质能否把另一种元素从它的化合物中置换出来,推断它们的化学活泼性。"

【教学设计】

教 师 活 动	学 生 活 动
【提问】初中已学什么方法来比较铁、铜、银三种金属的活泼性的?	【回答】较活泼的金属可以将较不活泼的金属从它们的盐溶液中置换出来的性质
【提问】用 $FeSO_4$、$CuSO_4$ 和 $AgNO_3$ 溶液与 Fe、Cu、Ag 三种单质之间的置换反应能否判断这三种金属的化学活泼性。金属在氧化还原反应中的作用? 【提问】利用氧化还原反应分析还原性的强弱? 【归纳小结】从氧化还原的角度分析,在水溶液中金属的活泼性与金属单质的还原性是一致的	【回答】还原剂、还原产物 【回答】还原性:还原剂＞还原产物。所以还原性:Fe＞Cu＞Ag
【方法指导】用金属活泼性判断的这种方法迁移到非金属单质的活泼性比较 【探究实验】活泼性不同的非金属单质(Cl_2、Br_2、I_2)之间是否也能发生类似的置换反应? 【提问】从氧化还原角度分析实验中所涉及的化学反应,氯、溴、碘在其中扮演了怎样的角色? 【提问】根据化学反应方程式判断三者氧化性强弱? 【归纳小结】非金属单质氧化性强,在化学反应中表现为活泼性强。非金属单质的化学活泼性与它的氧化性是一致的。同样,之前分析的在水溶液中金属的活泼性与它的还原性是一致的	学生分组实验、交流讨论 【回答】氧化剂、氧化产物 【回答】氧化性:氧化剂＞氧化产物。氧化性:Cl_2＞Br_2＞I_2

【设计意图】 课本中的这段文字包含了类比与迁移的科学思想。在教学设计中,笔者选择从学生已知置换反应比较金属活动性入手,增加了氧化还原反应的分析,先由金属间的置换反应→金属活动性大小→金属的还原性强弱,再由此迁移到非金属间的置换反应→非金属活动性大小→非金属的氧化性强弱。不仅让学生对物质性质的理解由表象的"活泼性"转变为本质的"氧化性、还原性",同时还体会了如何利用类比与迁移将已学知识与新知识联系在一起。

片断 2:实验探究,比较氯溴碘单质的活泼性

【课本素材】 在"探究与实践"板块中仅给出了实验可选用的药品和实验 1 的范例(即:新制氯水与 NaBr 溶液混合后,滴加 CCl_4,振荡),要求根据范例再设计其他实验,得出结论。

【教学设计】

学生实验前的讨论:

(1) 三种非金属单质的活泼性大小可能有哪几种情况?

(2) 设计实验,利用置换反应确定 Cl_2、Br_2 活泼性大小。

(3) 如何通过实验现象判断置换反应发生了吗?

教师演示氯水和溴化钠溶液的反应,通过现象得出结论。

(4) 确定活泼性 $Cl_2 > Br_2$ 后,能否排除几种可能性?

学生分组实验:在剩余的 3 种可能性中选取其中的一种进行实验验证。得出 Cl_2、Br_2、I_2 活泼性的顺序。

实验方案交流、评价:(略)

实验总结:比较多种未知物质某种性质的一般方法。

【设计意图】 学生亲自动手进行探究实验对观察力的培养、化学概念的掌握、化学知识的建构,特别是化学观念的形成,都是其他形式无法替代的,这其中包含了学生主动思考、自我修正的过程。在培养学生探究能力的同时,让学生了解、体会自然科学研究的一般过程。因此,探究性实验须做到有序、高效,不能放任自流。有序的前提,是通过逻辑上的判断形成了可行性的、符合科学性的方案;而高效则是让学生在看似开放、实则可控的探究环境中,选择不同的方案完成实验得出结论。为了用好教材中的探究实验,笔者在学生实验前通过对上述问题的讨论将探究进入有序的轨道,接下来再要求学生在剩余的三种可能性中选取其中的一种进行实验探究。一方面,学生的独立探究有了明确的方向和参照的路径;另一方面,可选择的方案仍多达 6 种,而每种方案只需通过 1~2 个实验便可得出最终的结论,可谓"条条大路通罗马",既拓展了学生思维的广度,又节约了课堂时间。整个探究的过程,又让学生初步了解了比较多种未知物质某种性质的一般方法,为今后的学习、研究打下基础。

片断 3:宏微结合,认识氯溴碘活泼性与原子的结构的关系

【课本素材】 氟、氯、溴、碘的原子序数分别为 9、17、35、53,画出它们的原子结构示意图。卤素的各种原子结构有什么相同之处? 请根据氯溴碘的原子结构并收集有关资料,研究氯溴碘单质物理性质和化学性质的差异和相似,认识结构和性质的关系。

【教学设计】 填写下表,比较它们在结构上的异同点,思考如何用原子结构解释氯溴碘单质氧化性的强弱?

元　素	氯($_{17}$Cl)	溴($_{35}$Br)	碘($_{53}$I)
原子结构示意图		(+35) 2 818( )	(+53) 2 81818( )
原子半径的变化			

【设计意图】　在得出氯溴碘单质活泼性大小的基础上,追根溯源,引导学生寻找氯溴碘原子结构的异同点,有助于学生理解"结构决定性质"这一化学思想,也对课题中"比较"的含义有更完整的理解,即氯、溴、碘原子在结构上的相似性决定了它们的单质在化学性质上的相似性;氯溴碘原子在结构上的递变性决定了它们的单质在化学性质上的递变性。

此外,笔者对课本素材做了一定的调整:① 考虑到教学对象的一致性,删去了氟原子的原子结构示意图的书写;② 原子结构与单质化学性质密切相关,而单质的物理性质则是与晶体结构等因素有关,因此在这个教学环节中回避了对单质物理性质的比较;③ 高中基础型课程中仅要求学生学会1～18号的元素原子结构示意图的书写和含义,溴、碘的原子序数超过了18,其原子结构示意图的书写不是本节课的重点,仅仅为了要求学生比较三种原子结构的电子层数、最外层电子数和原子半径,因此笔者重新设计了上述表格。

片段4:演绎归纳,寻找比较氯溴碘活泼性的其它途径

【课本素材】　资料库:《氯、溴、碘的单质跟氢气的化合》

思考与讨论:请寻找其它有关资料,如氯、溴、碘单质跟水反应的情况进行比较分析。

【教学设计】

教　师　活　动	学　生　活　动
【提问】推测 Br_2 和 I_2 除了可以发生相互间的置换反应,还可能具有哪些化学性质?	【回答】因为与 Cl 原子的结构相似,所以与 Cl_2 具有相似的化学性质,可与非金属单质(如 H_2)、金属单质、水、碱反应
【提问】活泼性递减,在反应中具体如何体现? 【阅读课本】P44 的资料库 【讲解】Cl_2、Br_2、I_2 确实都能与 H_2 发生化合反应,化合价由 0 价变为 -1 价,做氧化剂,体现氧化性。这是相似性的体现。验证反应条件、剧烈程度与氧化性或活泼性的关系 【提问】氧化性:$Cl_2>Br_2>I_2$,H_2 和 X_2 的反应中还有哪些体现?	【回答】反应条件、剧烈程度 【阅读后归纳总结】单质的氧化性越弱,放出的热量减少;生成物的热稳定性越差

【设计意图】　课本中对于氯溴碘单质活泼性比较的其他方法有现成的文字叙述,笔者在教学设计中选择让学生根据已经知晓的结构上的规律,演绎说明氯、溴、碘与氢气化合的数据中表现出的规律。学生可以从这个过程中,更深刻地感受到"结构决定性质"的化学思想,性质可以呈现出不同的表象,透过现象抓住本质,才是解决问题的关键。

片断 5：感悟科学精神，理解氟单质的活泼性

【课本素材】　化学史话《无意的发现和不懈的追求》

【教学设计】

教师：原子结构的相似和差异决定了单质化学性质上的相似和差异。性质上的相似和差异也是对结构的一种反映。因为 Cl、Br、I 具有结构上的异同点，将它们依次排列在元素周期表的同一纵行，统称为卤族元素（希腊语意为"成盐元素"）。在这个家族中还有一种 F 元素。如果说 Cl_2 的发现是"意外的收获"，那么液态 F_2 的制得则是几代人的不懈追求，甚至有科学家为此付出了生命的代价，为什么会是这样呢？课后大家可以尝试着推测一下它的性质，再查找资料进行验证。

【设计意图】　化学史在教学中的应用不是为了对化学的历史进行实证性的考察，而是利用化学发展过程中的重要史实、相关概念、科学技术的变迁过程对学生进行知识、方法和情感等多方面的培养。这恰恰是化学史实中最具育人价值的部分。笔者在课堂接近尾声时，让学生翻开了这篇故事，并引导他们将视线落在了"无意"和"不懈"这两个词上。为什么氟的制备和发现比氯困难得多？学生可以用本节课学到的知识和方法，通过比较氯和氟的原子结构和性质来解答。在感受人类探索的艰难和科学家不畏艰险的努力的同时，体会到"结构决定性质，性质反映结构"这个化学核心观念对问题解决的指导作用。

(四) 教学反思

课本中的素材不仅仅承载着化学学科知识，更蕴含着化学学科独特的学科核心观念、科学精神等。如果能够将课本素材加以适当的加工、优化、整合，那么课堂教学中素材的使用不再仅仅是为了呈现知识，而是变成借助素材探究化学变化的本质、掌握科学研究的方法、感悟科学精神等。老师教的方式发生了变化，自然会促进学生学习方式的改变，变被动接受为主动探究，并逐步形成一定的学科素养。在课堂中学到的东西，随着时间的推移虽然有些会慢慢被遗忘，但是学生学会了运用化学思想方法和学科核心观念去处理在生活中碰到的化学问题，把这些有用的且具有生成性的东西留在了学生的心里，笔者认为这才是学习化学的最终目的。

学化学有它的结果，也有它的过程。它的结果表现为知识，它的过程则蕴含着智慧。可以说，在化学教学中讲化学理论，会给学生以知识；将课本中的素材进行优化，发展学科素养则会给学生以智慧。无疑，知识是重要的，但智慧更重要。

【案例3】　工业制纯碱

教　材：《高级中学课本　化学》拓展型课程（试用本）第 5 章第 3 节，上海科学技术出版社

执教者：上海市大同中学　陆莉萍

(一) 教学设计思路

自上海市实施新一轮高考政策以来，各校在新的课程理念下进行了深入的探索和实践。伴随着以"培养学生核心素养"为理念的全国基础教育课程不断推进，作为一线中学教师开始不断反思学科教育的价值，从关注"知识量"转向"知识价值"，从关注"知识传递"转向"知识建

构"，从关注"以学科知识中心的教学"到"以观念、素养为核心的教学"等。

按照《关于公布 2017 年上海市普通高中思想政治等 6 门科目学业水平等级性考试命题要求的通知》提出的"将加强与社会实际和学生生活之间的联系，关注学生科学素养和人文素养的培育，注重考查学科教学目标的达成情况，特别注重考查学生在具体情境中综合运用学科知识分析和解决问题的能力"的四点要求，为充分体现上海市新高考课程改革思想，同时结合化学学科特点、化学教师的实践经验以及近来化学教学领域研究的热点，我对高三化工生产中的《工业制纯碱》进行了再设计，现对"观念为本"的教学设计进行说明。

纯碱是最重要的基础化工原料之一。纯碱工业是世界上最早的化学工业。本节课正是通过比较索尔维制碱法和侯德榜联合制碱法的原理、流程、优缺点等，让学生了解最基本的纯碱的工业生产，并从中体会化工生产过程的关键是看能否利用价廉、易得的自然资源（基础化工原料）来最大限度地获得目标产物，并从反应体系中提供有用的副产品或让部分未转化的原材料循环使用，尽量做到物尽其用，体现"绿色化学"理念。

（二）教学内容分析

从教材内容看，是对已有知识——溶解度、离子反应的规律、平衡移动原理等化学知识的新应用，是培养学生运用化学理论知识解决实际问题的良好载体。通过引导学生运用比较、归纳等科学研究的方法学习氨碱法和联碱法的优缺点，使学生的思维能力得以发展。学生了解侯德榜发明联碱法的过程，是培养学生的创新意识、爱国主义精神和民族自豪感及对学生进行人文精神培育的良好载体。教学内容中包含了丰富的化学核心观念——"物质观""微粒观""变化观""化学价值观"……也蕴含了丰富的化学史，有利于学生养成科学精神，提升精神追求。

（三）教学目标

（1）通过运用溶解度、离子反应的规律、平衡移动原理等知识，建构"微粒观""变化观"和"平衡观"，学会运用化学知识解决纯碱化工生产中的实际问题。

（2）尝试从纯碱反应体系中提供有用的副产品或让部分未转化的原材料循环使用的设计，感受循环经济和绿色化学的内涵。

（3）通过分析、比较等方法归纳氨碱法和联碱法的异同点和优缺点，学会一些分析和解决问题的基本方法，理解化工生产的基本原则，体验化学研究的缜密之美。

（4）通过体验纯碱生产过程的化学史，学习科学家勤于钻研勇于创新的精神，增强民族自信心。

（四）教学重点、难点

1. 教学重点

与纯碱工业相关化学原理、工艺流程的理解。

2. 教学难点

对母液处理的原理的理解。

（五）教学流程图

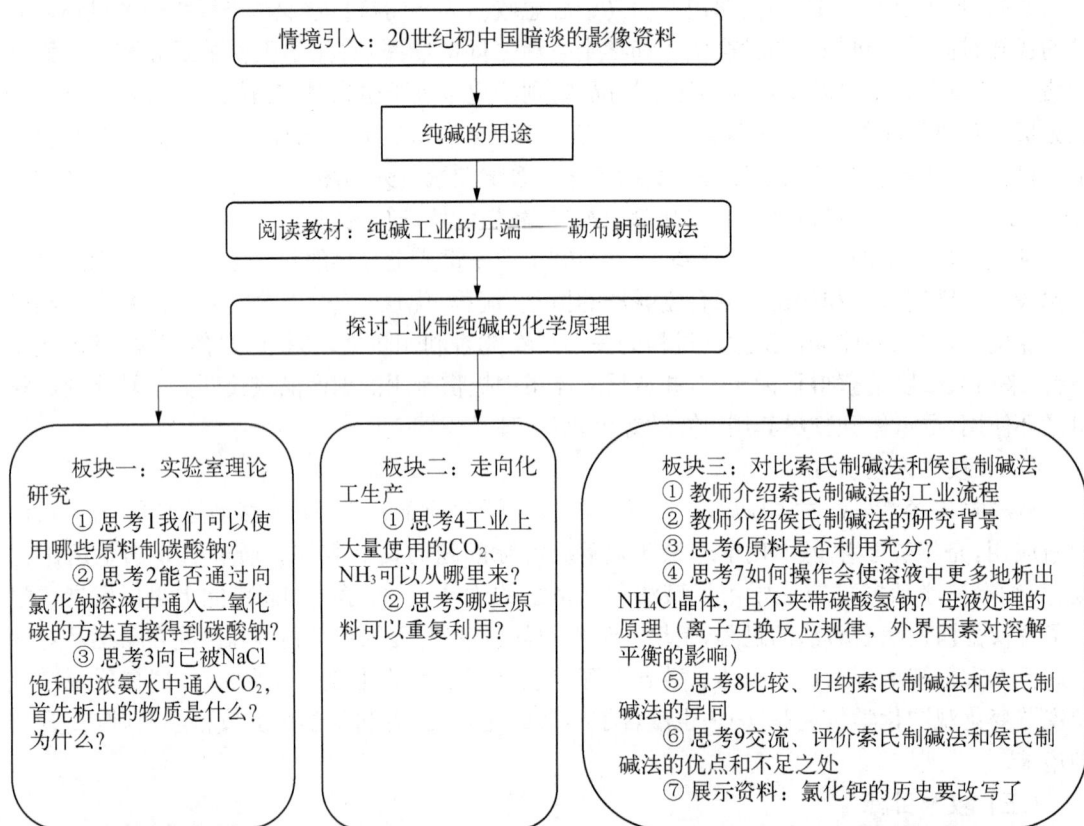

```
情境引入：20世纪初中国暗淡的影像资料
              ↓
          纯碱的用途
              ↓
阅读教材：纯碱工业的开端——勒布朗制碱法
              ↓
     探讨工业制纯碱的化学原理
```

板块一：实验室理论研究
①思考1我们可以使用哪些原料制碳酸钠？
②思考2能否通过向氯化钠溶液中通入二氧化碳的方法直接得到碳酸钠？
③思考3向已被NaCl饱和的浓氨水中通入CO_2，首先析出的物质是什么？为什么？

板块二：走向化工生产
①思考4工业上大量使用的CO_2、NH_3可以从哪里来？
②思考5哪些原料可以重复利用？

板块三：对比索氏制碱法和侯氏制碱法
①教师介绍索氏制碱法的工业流程
②教师介绍侯氏制碱法的研究背景
③思考6原料是否利用充分？
④思考7如何操作会使溶液中更多地析出NH_4Cl晶体，且不夹带碳酸氢钠？母液处理的原理（离子互换反应规律，外界因素对溶解平衡的影响）
⑤思考8比较、归纳索氏制碱法和侯氏制碱法的异同
⑥思考9交流、评价索氏制碱法和侯氏制碱法的优点和不足之处
⑦展示资料：氯化钙的历史要改写了

（六）教学过程

板块	教师活动	学生活动	板书或PPT	设计意图
课的引入	[介绍]纯碱是一种重要的化工原料，广泛应用于玻璃、造纸、纺织和洗涤剂的生产。没有纯碱，我们的生活不会这么多姿多彩 请同学们看看20世纪初没有碳酸钠的世界	观看图片、影片，聆听		纯碱在生活生产中的广泛应用
	起初，人们从盐碱地和盐湖中获得纯碱，我国西北地区就流传着谚语"冬捞碱夏捞盐"但产量太低，远远不能满足工业发展的需要	观看图片，思考		从自然界中获取纯碱的途径——盐碱湖 对比下发现：自然界的馈赠予人类生产生活的需求的矛盾

（续表）

板块	教　师　活　动	学　生　活　动	板书或PPT	设计意图
教师介绍勒布朗制碱法	[讲解并提问]1788年,法国人勒布朗以浓硫酸、氯化钠、木炭、白垩石(主要成分为$CaCO_3$)为原料制碳酸钠,但这种方法有什么明显缺点? [过渡]所以这种方法一直被诟病。如果是你穿越到过去,会如何改进这个方案呢?	阅读教材《化学史话》 [回答]耗能大、(固相反应)产品质量不高、(浓硫酸、盐酸)腐蚀金属设备等 [思考]	勒布朗制碱法的反应原理 $2NaCl+H_2SO_4(浓) \xrightarrow{约800℃} Na_2SO_4+2HCl\uparrow$ $Na_2SO_4+2C \xrightarrow{约1000℃} Na_2S+2CO_2\uparrow$ $Na_2S+CaCO_3 \xrightarrow{约1000℃} Na_2CO_3+CaS$	
探讨工业制纯碱的化学原理　板块一:实验室理论研究	[展示]碳酸钠的电离方程式 [提问]从方便、廉价的角度你会选择什么原料?谁来提供钠离子?谁来形成碳酸根?	[观看并思考] [回答]氯化钠二氧化碳溶于水	$Na_2CO_3 \rightarrow 2Na^+ + CO_3^{2-}$ 食盐　CO_2	思考1　我们可以使用哪些原料制碳酸钠?
	[提问]刚才提到的勒布朗法都是固相反应,产品纯度不高。改变下思路,我们可以将溶液转化成液相和气相,那么往氯化钠溶液中直接通二氧化碳能形成碳酸钠吗?我们来尝试一下 [板演]错误的化学方程式	[回答]不行!弱酸不能制强酸	$NaCl+CO_2+H_2O \longrightarrow Na_2CO_3+HCl$	思考2　能否通过向氯化钠溶液中通入二氧化碳的方法直接得到碳酸钠?
	[追问]任何反应在一定条件下都是可逆的,若我非得得到碳酸钠,使平衡正向移动,我们可以怎么做? [追问]用什么来中和? 　老师建议或学生自己想到:通氨气	[回答]中和氯化氢 [尝试]氢氧化钠 [评价]太贵! [再尝试]氢氧化钙(石灰乳) [再评价]生成碳酸钙了!		
	修正错误的方程式		$NH_3+NaCl+CO_2+H_2O \longrightarrow Na_2CO_3+NH_4Cl$	
	[提问]那在被氯化钠饱和的浓氨水中通二氧化碳得到的都是碳酸钠吗? [追问]就这两种物质吗? [提示]溶液中存在哪些离子?可以互相结合成哪些物质呢? 　PPT展示6种物质 [追问]我们需要比较它们的哪个物理量? 　PPT展示6种物质的溶解度	[回答]可能是碳酸钠也可能是氯化铵 [交流]主要NH_4^+,HCO_3^-、Cl^-、CO_3^{2-}、Na^+五种离子,组成六种物质 [回答]溶解度 [回答]因为碳酸氢钠的溶解度最小,所以它优先析出 [补充]过滤出来加热一下得到碳酸钠了,二氧化碳可以循环利用		思考3　向已被$NaCl$饱和的浓氨水中通入CO_2,首先析出的物质是什么?为什么?

（续表）

板块	教 师 活 动	学 生 活 动	板书或PPT	设计意图
探讨工业制纯碱的化学原理 板块一：实验室理论研究	[回顾提问] 在被氯化钠饱和的浓氨水中通二氧化碳首先析出的是什么物质？ [追问] 我们要的是碳酸钠不是碳酸氢钠，怎么办？ [肯定思路] 非常好！ [追问] 先通氨气还是先通二氧化碳？为什么？ 　　PPT演示碳酸氢钠的析出过程（运用了离子反应的规律和溶解平衡） [板书] 纯碱的工业制法的化学原理 　　边写边强调要点：向饱和的氯化钠溶液中先通入氨气再通二氧化碳，析出碳酸氢钠将其过滤出来，加热到300℃就分解得到碳酸钠，二氧化碳可以循环利用	[回答] 先通氨气，可以提高二氧化碳的溶解度，更容易形成碳酸氢根，进而析出碳酸氢钠 [聆听] [整理笔记]	$NaCl + NH_3 + CO_2 + H_2O$ $\longrightarrow NaHCO_3 \downarrow + NH_4Cl$ $2NaHCO_3 \xrightarrow{\triangle} Na_2CO_3 +$ $CO_2 \uparrow + H_2O$	
板块二：走向化工生产	PPT展示实验室模拟氨碱法的图片 [过渡] 原理走向化工生产都是先要通过很多小实验模拟的，我们的确成功了！看到的白色晶体实验验证的确是碳酸氢钠。但直接搬到工厂生产很有很多需要考虑的问题			
	[提问] 比如化工生产中的二氧化碳可以从哪里来？ [评价] 那要找多少人？但环保 [板演] [评价] 石灰石还是很多的，取用也较方便，山上挖下来就能用。 [提问] 氨气从哪里来？ 　　板演 [提问] 氨气从哪里来？ [提问] 氢气呢？ [评价] 耗能比较大，有没有其他的方式？不耗电但也产生大量的氢气？ [板演]	[回答] 找人呼出来 [回答] 煅烧石灰石 [回答] 合成氨 [回答] 空气液化 [回答] 电解饱和食盐水 [回答] 水煤气	$CaCO_3 \xrightarrow{\triangle} CaO + CO_2 \uparrow$ $N_2 + 3H_2 \xrightarrow[\text{铁触媒}]{500℃、20\sim50\ MPa}$ $2NH_3$ $H_2O + C \xrightarrow{\text{高温}} H_2 + CO,$ $H_2O + CO \xrightarrow{\text{高温}} H_2 + CO_2$	思考4 工业上大量使用的CO_2、NH_3可以从哪里来？ 思考5 哪些原料可以重复利用？

（续表）

板块	教师活动	学生活动	板书或PPT	设计意图
板块二：走向化工生产	[评价]还可以得到主反应所需的原料二氧化碳 [提问]看看主反应中我们还可以利用什么物质？也可以得到我们的原料气的？ [补充]我们学过的铵盐和哪类物质反应也可以生成氨气？ [指着黑板提示]这里有碱吗？ 　板演： [评价]非常好！刚才同学们看似非常轻松的表达，但贯穿了两百年的历史！	[回答]氯化铵,受热分解得到氨气 [回答]碱 [回答]氧化钙和水反应生成氢氧化钙	$CaO + H_2O \longrightarrow Ca(OH)_2$ $2NH_4Cl + Ca(OH)_2 \overset{\triangle}{\longrightarrow}$ $CaCl_2 + 2NH_3\uparrow + 2H_2O$	
板块三：对比索氏制碱法和侯氏制碱法	[讲解]同学们的思路与历史的发展高度重合。1861年,(比利时人)"索尔维制碱法"问世。该方法是在用氯化钠溶液吸收两种工业废气时意外发现的,反应后生成碳酸氢钠和氯化铵,再加热碳酸氢钠即可制得纯碱 PPT展示流程	[聆听并思考]		教师介绍索氏制碱法的工业流程
	英、法、德、美等国相继建立了大规模生产纯碱的工厂,并组织了索尔维公会,对会员以外的国家实行技术封锁。但以侯德榜为代表的我国民族企业家和科学家,憋着一口气,揭开了索尔维法的秘密,1924年8月,塘沽碱厂正式投产。范旭东将产品取名为"纯碱",以区别于"洋碱"。1926年,该厂应用索尔维法生产的"红三角"牌纯碱在美国费城的万国博览会(即世界博览会的前身)上获得金质奖章产品不但畅销国内,而且远销日本和东南亚。他用英文编写的《纯碱制造》在英国出版,且技术公开。从此中国人把原来一盎司黄金一磅的纯碱做成了白菜价。PPT展示侯德榜事迹			教师介绍侯氏制碱法的研究背景

（续表）

板块	教 师 活 动	学 生 活 动	板书或PPT	设计意图
板块三：对比索氏制碱法和侯氏制碱法	[讲解] 但抗日战争爆发了,碱厂不得不内迁,当时盐价昂贵,当地的盐井黄卤浓度过低,不符合索尔维法要求,工厂在侯德榜主持下,从事改进索尔维法的研究。1941年获得成功。氨、二氧化碳由合成氨厂供给,即把纯碱厂和合成氨厂联合起来,既生产纯碱又制得化肥,故得名"侯氏联合制碱法",又称"侯氏制碱法" 　　PPT展示　侯德榜制碱的流程图(在索氏的流程图上改变) [提问] 原料是否充分利用? [提问] 如何将氯化铵从母液中析出? [展示] 碳酸氢钠的溶解度曲线 [追问] 又不夹带碳酸氢钠? 　　PPT展示母液处理的原理及措施	[回答]降温 [讨论]利用平衡移动原理和溶解度的化学知识		思考6　原料是否利用充分? 思考7　如何操作会使溶液中更多地析出NH_4Cl晶体,且不夹带碳酸氢钠?母液处理的原理(离子互换反应规律,外界因素对溶解平衡的影响)
	[展示] 侯德榜制碱的工艺流程原图 [评价] 真实的工艺流程图比我们描述的要复杂得多,我们要学习的是它的关键原理和步骤,知道它为什么要怎么做,将来遇到新的情景才会有应变能力。			
	[提问] 请同学们比较这两种经典的纯碱的工业制法,有什么相同点和不同点? 　　学生 　　PPT　板演	[讨论交流]原理相同、原料气来源不同、母液处理方式不同、循环物质不同……		思考8　比较、归纳索氏制碱法和侯氏制碱法的异同
	[提问] 比较他们各有什么优点和缺点? 　　学生讨论交流	[讨论交流]索氏: 　　优点:1.原料(食盐和石灰石)普遍易得、便宜 　　2.产品纯碱的纯度很高		思考9　交流、评价索氏制碱法和侯氏制碱法的优点和不足之处

板块	教 师 活 动	学 生 活 动	板书或PPT	设计意图
板块三：对比索氏制碱法和侯氏制碱法		3. 副产品氨气和二氧化碳可回收循环使用 4. 投资少，制造步骤简单，适合大规模生产 缺点：1. 生成大量无用的氯化钙 两种原料的成分里都只利用了一半：食盐里的钠离子和石灰石成分里的碳酸根离子结合成了碳酸钠，可是氯离子和钙离子都结合成了没有多大用途的氯化钙 2. 原料食盐的利用率只有70％左右，其余的食盐都随着氯化钙溶液作为废液被抛弃了，这是很大的损失 侯氏制碱法的优缺点： 优点：1. 联合合成氨厂，变废（CO$_2$）为宝；（体现了大规模联合生产的优越性，利用一个厂的废料，作为另一个厂的主要原料） 2. 母液循环使用，大大提高了食盐的利用率（98％） 3. 操作简单、工厂设备简单、成本低 （由于把制碱和制氨的生产联系起来，省去了制二氧化碳时石灰窑及蒸氨的设备，除去了处理氯化钙的麻烦，而且使食盐成分里的氯离子也得到了充分的利用，生成了两种可贵的物质，节约了成本）		

板块	教 师 活 动	学 生 活 动	板书或PPT	设计意图
板块三：对比索氏制碱法和侯氏制碱法	［设问］侯德榜制碱是完美无缺的吗？ ［展示］《氯化钙的故事要改写了》 ［讲解］侯氏制碱法是历史发展的产物，当我们的氯化钠没有那么昂贵，且氯化钙的经济价值已远远超过了氯化铵，所以目前国内这两种方法都在使用。与时俱进，是创新永远的话题			学会用发展的眼光看待问题
	［提问］通过今天探索纯碱的工业制法，联系之前所学的工业制硫酸、合成氨，你能初步总结化工生产必须遵循哪些原则？ 　　PPT　化工生产的基本原则	［回答］"绿色"——物尽其用（原料、能量）、环境友好	充分利用原料，充分利用能量，保护环境	总结反思能力的培养
板块四：小结与练习	［小结］今天我们学习了工业制备纯碱的两种方法：氨碱法及联氨法，了解了它们的反应原理以及工业生产流程，也对生产工艺进行了评价，学会一些分析和解决问题的思路和方法。复习了离子反应的本质、平衡移动原理、溶解度等知识，也能感受到我们化学学科对人类社会的重要意义，同时接触了两位科学家——索尔维和侯德榜，他们勤于钻研、创新和勇于实践的精神是永远值得我们学习的			
	［思考题］			学以致用，学会迁移
	［布置作业］			巩固知识 联系实际学会评价

（七）教学反思

化学区别于其他学科的最大特点就是从微粒的角度认识宏观的物质变化，进而掌握化学变化的实质和规律，使化学能为人的素养的提高、科技的进步、环境的改善、社会的发展贡献力量。化学可以说是应用宏观与微观结合，思维与实验结合的方法结合实物材料（化学物质）的组成、结构、性质的变化，以及它们的相互联系，为人类利用自然，改造自然，保护自然，提高生活质量的生存安全服务，满足人类的实际需要以及有关的好奇心和兴趣。

而这些行为的主体都是活生生的人！所以通过化学教育，让学生循序渐进地构建起化学核心观念应该是化学教育的要旨。

其中微粒观是属于知识层面的，有着极其丰富的内涵。如：化学物质是由微观粒子构成的，构成物质的微粒不同，物质的性质就不同，这种性质的差别是由于物质内部的结构决定的；物质内部微粒间存在相互作用等。微粒观是比较显性、客观的，它由浅入深地贯穿整个中学化学的始终。系统、科学的微粒观是建构正确的发展观的基础。

发展观则是学生在有了一定的知识积淀后，对化学进行反思而形成的对化学价值的认识，有一个从模糊到清晰的过程，带有一定的主观色彩，更为隐性。它是微粒观的落脚点，对学生世界观的形成有着深远的意义，是化学学习的驱动性观念，不容忽视和淡化。

这两个层面的核心观念相互影响，共同作用构成中学化学核心观念这一有机整体。中学化学教师只有做到对化学核心观念的内涵及其在整个中学化学中的发展脉络了然于胸，才能做到在日常的教学工作中，观念先行，结合教学内容，进行观念为本的教学设计。

为了支撑本节课的核心观念"发展观"：我创设了以化学史为背景的教学情境，真实模拟工业制纯碱的历史，一方面让学生追踪当年科学家发现的思路，通过模拟实验的设计和流程的改进，体会科学研究的过程，了解复杂化学体系的系统分析方法，给学生今后创造性解决问题提供有用的思维模型。另一方面由于化学史以不可代替的独特方式积累人类在了解世界、创造世界过程中所表现出的人类精神和科学态度。因此通过教学情景的创设，让学生感悟这笔巨大的精神财富，必定为他们树立不断实践创新的标范和动力。我花了很大的笔墨让学生对这两种方法进行了比较和评价，在思维过程中形成新的结构。

为了支撑本课的核心概念"微粒观"：通过离子互换反应的规律、溶解度曲线图和平衡移动原理等化学原理，引导学生理解碳酸氢钠会沉淀析出的原因，以及引导学生得出如何操作会使溶液中更多地析出 NH_4Cl 晶体，使学生学会运用化学知识解决化工生产中的实际问题。

碳酸钠的用途需要学生了解即可，难度较低；工艺流程图的设计在新高考的形势下要求较高，所以我采用联系生产生活、呈现流程图比较等轻松活泼的显性方式来达成教学目标。

通过"纯碱的工业制法"，比较全面的了解和认识物质，初步学习如何以化学为工具更好地利用自然，改造自然，满足人类生存需求，提高人类生活质量和生存安全，服务社会，服务民族振兴。所以，渗透"微粒观"和"发展观"于课堂教学中，不仅是重视微观探索与宏观探索相结合，也使学生明白化学的应用受世界观、人生观、价值观影响。

本教学设计是在新的视角下揭示知识的产生过程，关注了学生对知识的发展过程，充分体现了优质课堂教学的创造过程。同时，整个思考和实践的过程也将促进了我时刻关注教师观念和角色的转变，要求自己不断加强从理论层面的思考到实践层面的操作，积极发展学生的认知思维，从而实现对化学教学过程和教学价值的反思。

【案例4】 探究易拉罐罐体的主要成分

教　材:《高级中学课本　化学》拓展型课程(试用本)第6章,上海科学技术出版社

执教者:上海外国语大学附属大境中学　冯晴

宋心琦教授认为:"中学化学教学能够使学生终身受益的不是化学专业知识,而是影响他们世界观、人生观和价值观的化学思想观念,学生能否牢固地、正确地,哪怕只是定性地建立起基本的化学观念应当是化学教学的第一目标。"因此,尽早帮助学生树立对化学学科的正确认识和理解,就等于为他们开启了一扇观察与理解外部世界的大门,而学生个体精神世界的滋养以及个人生命世界的形成,其实也都蕴含在包括化学学科在内的任何一门学科知识的教学与浸染中。鉴于此,为了加深对化学学科的内涵认识尤其是化学核心观念和育人价值的理解,本文试图从化学核心观念和育人价值的基础入手,以"探究易拉罐罐体的主要成分"为例,探讨如何进行基于化学核心观念的构建,体现育人价值的教学设计。

对个体而言能起的独特发展作用。具体地讲,每个学科对学生的发展价值,除了一个领域的知识以外,从更深的层次看,应还在于:为学生提供认识、阐述、感受、改变自己生活在其中,并与其不断互动着的、丰富多彩的现实世界的理论资源;为学生的形成和实现自己的意愿,提供不同学学科所独具的路径和独特视角、发现的方法和思维策略,特有的运算符号和逻辑工具;为学生提供一种唯有在这个学科的学习中才可能获得的经历和体验,才可能提升的独特学科美的发现、欣赏和表达能力。

化学学科育人价值应为:以物质的组成、结构、性质和变化相关的一系列知识为载体,引导学生认识物质变化的基本规律,建立科学的物质观;引导学生主动体验实验与思维相结合的科学探究过程;帮助学生认识化学与技术、社会、环境的相互关系,形成正确认识与合理利用物质的意识;感悟科学家严谨求实的科学态度和辩证唯物主义精神,从知识与技能、过程与方法、价值观三方面提高学生的科学素养和人文素养,为学生的终身发展奠定重要基础。

化学育人价值可以从提升科学素养与人文素养两个方面展开,其框架结构如下:

(一) 教学设计

1.教学内容分析

门捷列夫曾说:"实验是科学的躯体,概括、假说、理论是科学的灵魂。"化学则正是这样一门实验性非常强的学科,在课堂教学中必须充分利用教学中的实验素材,把问题的发现和解决的过程放手交给学生,以让学生体验科学探究的一般方法,并达到自主生成知识、发展能力的目标。

为了达到上述教学效果,本课选用了学生在生活中常见的用品——易拉罐。制造易拉罐的材料有两种:一是铝材,二是马口铁。铝易拉罐的主要成分则分罐身、罐盖和拉环而有所不同。各种元素在罐中的成分如表4-4所示。

根据表4-4,铝易拉罐的主要成分有铝、铁、镁、锰等。让学生运用猜想+文献查阅+多角度验证的方法,利用学过金属的物理和化学性质,结合文献资料,设计了多个实验,从不同层面分别探究了易拉罐罐体中主要成分中的铝和铁。

表 4-4　铝易拉罐各化学成分的质量分数

	镁	锰	硅	铁	铜	铟	铬	铝
罐盖	4~5	0.2~0.5	<0.2	<0.35	0.15	<0.25	—	其余
拉环	4~5	<0.15	<0.2	<0.15	<0.5	<0.5	—	其余
罐身	0.8~1.3	1~1.3	<0.2	<0.7	<0.25	<0.25	<0.1	其余
全熔化后平均成分	1.2	0.78	0.19	0.43	0.14	0.026	—	其余

为了便于课程的展开,设计了以下核心问题:

核心问题	教学内容	核心观念的建构	育人价值的解读	
如何验证其中含有金属铝?	利用多个金属铝的性质实验,结合文献资料,探究了易拉罐罐体中主要成分中的铝及铝表面的氧化膜	实验观、微粒观	掌握化学思想方法(科学素养)	宏观与微观结合探究铝表面氧化膜
			进行化学实验探究(科学素养)	培养实验探究能力
			感悟科学精神(科学、人文素养)	尊重实验事实
如何验证其中含有金属铁?	借助实验现象中的不同之处,利用多个金属铁的性质实验,结合文献资料,探究了易拉罐罐体中主要成分中的铁	实验观	掌握化学思想方法(科学素养)	宏观与微观结合探究易拉罐罐体中主要成分中的铁
			进行化学实验探究(科学素养)	培养实验探究能力
			感悟科学精神(科学、人文素养)	尊重实验事实
为什么易拉罐不是由单一金属铝制得呢?	了解各类铝合金及其用途	化学价值观	加强化学价值观念(科学、人文素养)	铝合金的使用推进人类文明
能否结合我们高中学习的定量实验的方法,设计实验来测定易拉罐罐体中金属铝的质量分数呢?	运用高中学习过的定量实验的方法,设计实验测定易拉罐罐体中铝的质量分数,并总结定量实验设计的核心要点	实验观、计量观	掌握化学思想方法(科学素养)	定性与定量并重测定易拉罐罐体的主要成分
				归纳与演绎定量实验设计的核心
			进行化学实验探究(科学素养)	培养实验探究能力
这种易拉罐中是否含有铁? 是铁单质还是铁合金? 如果是的话,除了铁以外还有其他什么成分? 铁的质量分数是多少?	运用本节课所学到的物质探究的方法——猜想+文献查阅+多角度验证,进一步探究铁易拉罐中的主要成分	实验观、化学价值观	掌握化学思想方法(科学素养)	归纳与演绎常见物质探究的方法
			加强化学价值观念(科学、人文素养)	运用常见物质探究的方法推进人类文明

2. 教学目标制定

结合课程内容相关化学核心观念与育人价值,设立了以下教学目标:

(1) 运用铝、铁的化学性质,设计实验探究易拉罐罐体的主要成分,体验从实验设计与操作到分析现象、查阅文献得到结论的过程。

（2）联系高中定量实验，初步设计测定易拉罐罐体中金属铝质量分数的定量实验方案。

（3）通过认识铝合金的广泛用途，感受化学知识在社会生产和日常生活中的重要作用和应用。

3. 教学设计与实施

教学流程如图 4-17 所示。

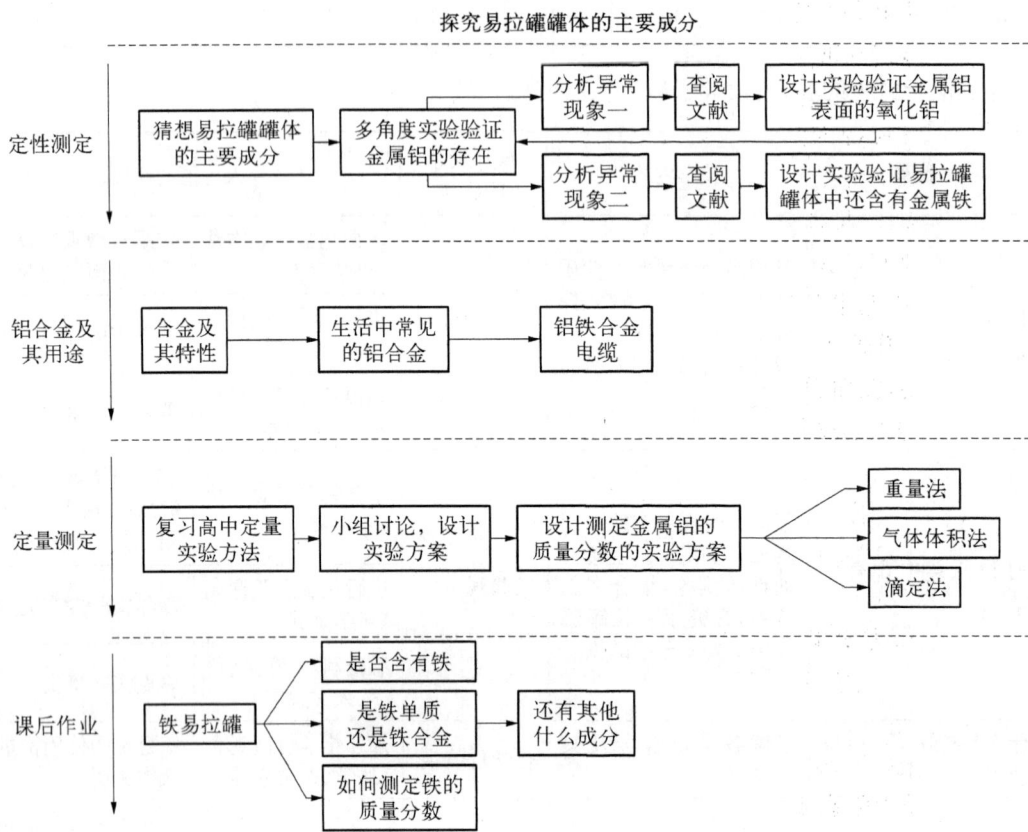

图 4-17 "探究易拉罐罐体的主要成分"的教学流程

（1）构建实验观，体现科学、人文素养。

教学片段一：探究易拉罐罐体中是否含有金属铝。

教　师　活　动	学生活动	核心观念的建构	育人价值解读
【讲解】请每组的三位同学同时分别向三支试管中滴加盐酸、氢氧化钠和硫酸铜，其他同学仔细观察现象，并记录。 【提问】实验现象如何？有哪些和预期的一样，有哪些和预期的不一样？	小组实验 【回答】有三点不同，其一，与酸和碱的反应气泡速率由慢至快，其二，与酸反应生成黑色固体并消失，其三，与盐反应无法进行	实验观：实证研究的思想	科学素养：培养实验探究能力 　　科学、人文素养：尊重实验事实，根据不同的实验现象，进行进一步的探究实验

教学片段二：通过分析实验现象与预期不同之处一的原因,探究易拉罐罐体中是否含有金属铁?

教师活动	学生活动	核心观念的建构	育人价值解读
【提问】我们再来聚焦刚才的实验现象最后一点不同,反应过程中的黑色物质能溶于酸,能否溶于碱呢?	【回答】不能	实验观:实证研究的思想	科学素养:培养实验探究能力
【提问】该黑色物质可能是什么呢?	【回答】……(各种猜想)		科学、人文素养:尊重实验事实,根据不同的实验现象,进行进一步的探究实验,得到新的结论
【讲解】再次查阅资料,我们发现,我们刚才实验用的易拉罐罐体,其成分除铝外,还包含铁、镁、锰、铜等等,属于铝合金。因此,黑色物质中可能含有铝、铁、镁、锰等成分			
【提问】其中铁是我们高中学习过的另一个金属,能否运用铁的性质,设计实验快速地对黑色物质中的铁进行检验?	【回答】吸铁		
【演示实验】吸铁石吸引黑色物质			
【提问】除了黑色物质中有铁元素外,与酸反应后的溶液中是否存在铁元素呢? 铁元素是以什么形式存在的?	【回家】亚铁离子		
【提问】如何检验亚铁离子?	【回答】……(各种方法)		
【讲解】请大家先向酸溶后的试管中滴加1～2滴过氧化氢溶液,1～3组滴加过量的氢氧化钠,4～7组滴加硫氰化钾,注意观察现象。	小组实验		
【提问】各组实验现象如何? 能得到什么相关结论?	【回答】易拉罐罐体中含有金属铁		
【讲解】我们今天运用猜想＋文献查阅＋多角度验证的方法,利用学过金属的物理和化学性质,结合文献资料,设计了多个实验,从现象到本质,从宏观到微观,从不同层面分别探究了易拉罐罐体中主要成分中的铝和铁			

(2) 构建微粒观,体现科学素养。

教学片段三：分析实验现象与预期不同之处二的原因。

教师活动	学生活动	核心观念的建构	育人价值解读
【提问】让我们一起来分析一下实验现象,为什么与盐酸和氢氧化钠溶液反应,一开始会比较慢?	【回答】铝的表面有物质阻碍了反应	微粒观:运用金属铝表面形成的致密的氧化膜,解释不同的实验现象	科学素养:掌握宏观与微观相结合的化学思想方法
【提问】能通过这三个实验,总结一下铝表面这层物质的性质吗?	【回答】能与强酸强碱溶液反应,不与盐溶液反应		
【提问】结合我们刚才总结的性质,大家觉得该物质可能是什么?	【回答】氧化铝		
【多媒体】文献资料	观看		
【讲解】查阅资料,我们发现一开始阻碍铝和酸碱盐溶液反应的是铝表面的致密氧化膜			

（3）构建化学价值观，体现科学、人文素养。

教学片段四：铝合金及其用途。

教 师 活 动	学生活动	核心观念的建构	育人价值解读
【提问】在了解了生活中常见的铝易拉罐罐体的成分后，我这还有一个问题，为什么易拉罐不是由单一金属铝制得呢？ 【多媒体】铝合金及其用途 【讲解】通过向金属中掺杂各类其他金属或非金属所得到的合金，具有熔点低、硬度大等多方面优势，可以为人类生活、生产提供更多的用途，比如易拉罐就是通过向金属铝中添加少量铁、铜、镁、锰、硅增强其硬度。生活中还有许多铝合金，像奥运火炬、航天飞机、笔记本外壳、浴室五金等。还有一种铝铁合金，配方与易拉罐略有不同，它是一种低价高效的电缆 【多媒体】高铁铝合金的用途	【回答】铝的质地太软 观看 聆听、感悟 观看	化学价值观：合金与生活、生产的联系	科学、人文素养：感悟铝合金的使用推进人类文明

教学片段五：回家作业，设计实验探究铁易拉罐罐体的主要成分。

教 师 活 动	学生活动	核心观念的建构	育人价值解读
【讲解】今天我们运用猜想＋文献查阅＋多角度验证的方法，通过实验探究和文献查阅相结合的方式，运用现有知识，从定性到定量地了解了生活中一种常见的合金——易拉罐罐体的主要成分。这也是一种我们平时在生活、生产中常用的研究方法 【讲解】在我们日常生活中除了质地较软的铝易拉罐外，还有一种质地较硬的易拉罐，它的主要成分我们也可以在罐体上找到。那么这种易拉罐中是否含有铁？是铁单质还是铁合金？如果是的话，除了铁以外还有其他什么成分？铁的质量分数是多少？请大家运用今天所学习的方法，回家查阅资料并设计实验探究这种铁易拉罐罐体的主要成分，下节课我们进行交流	聆听、思考	化学价值观：运用所学的研究方法，用于解决生活实际问题	科学、人文素养：感悟所学的研究方法在生活、生产中的应用

（4）构建计量观，体现科学素养。

教学片段六：易拉罐罐体中金属铝的质量分数。

教 师 活 动	学生活动	核心观念的建构	育人价值解读
【提问】能否结合我们高中学习的定量实验的方法，设计实验来测定易拉罐罐体中金属铝的质量分数呢？	【回答】能	实验观：设计定量实验测定易拉罐罐体中金属铝的质量分数	科学素养：定性与定量并重地探究易拉罐罐体的主要成分

（续表）

教 师 活 动	学 生 活 动	核心观念的建构	育人价值解读
【提问】请大家从我们所学的三大定量实验方法挑选其一,就实验原理和实验测得的物理量入手,设计实验来测定金属铝的质量分数 【提问】若是运用气体体积法,实验过程中需要测得哪些数据? 【提问】已知实验测得打磨过的易拉罐身mg,氢气体积 V mL(标准状况下),请大家列式计算金属铝的质量分数 【讲解】根据同学所列的算式,我们发现通过不同的定量实验方法,将所测得的实验数据根据化学原理转化为金属铝的物质的量,就能得到相应的质量分数	小组讨论,回答 【回答】氢气的体积,易拉罐罐体的质量 列式计算 聆听,感悟	计量观:运用定量实验测得的数据,根据化学原理转化为金属铝的物质的量,计算相应的质量分数	

（二）教学反思

本节课的重难点体现在过程与方法,正所谓"授人以鱼不如授人以渔",我们要善于从各种渠道搜集各类素材,在化学课堂唤起学生的科学探究意识,让学生通过自身的经历和感悟,去学会认识和掌握物质的基本性质和主要特点。

我们不仅要"教书"还要"育人",如何在化学课堂上通过"教书"进行"育人",就需要我们深刻认识化学教学内容的内涵与外延。化学学科中蕴含的化学思想众多,最为人所熟知的有:多角度多层次的分类思想、结构决定性质、现象与本质、量变与质变、动态平衡、条件控制、宏观与微观、一般与特殊、守恒思想等。这些化学思想从不同纬度体现着化学学科的本质,并谋求赋予化学学科以"精神"。这种"精神"就是本文所提到的化学学科的核心观念。而这一谋求的价值,则在于可以帮助学生从多个层面认识事物一般的、本质的、深层次的特征与联系,升华其对物质世界的认识,奠定学生的基础科学素养,完善其理性思维,体现化学学科的育人价值,而这才是化学独特魅力的所在。

一位诺贝尔奖获得者曾经说过,教育所给予人们的无非是当一切已学过的东西都忘记以后所剩下的东西。让我们在课堂上利用一切资源,创设生动的教学情境,设计富有艺术性的教学方案,让化学的核心观念"随风潜入夜,润物细无声"。只有充分发挥化学学科的育人价值,培养具备一定素养的社会公民的理想才有可能实现。

【案例5】　石灰石　钟乳石

教　材:《九年义务教育课本　化学》九年级第一学期(试用本)第4章第2节,上海教育
　　　　出版社

执教者: 上海市黄浦区教育学院　张如欣

（一）教学设计思路

本节课的教学背景是"基于学科核心观念,体现学科育人价值"的行动研究。化学学科核

心观念的建构必须以具体的化学知识为依托,让学生在化学知识学习的活动过程中形成和发展,从而为学生核心素养的培养作出化学学科应有的贡献。本节课围绕牙膏中的"碳酸钙",它是谁？它从哪里来？它有何用？展开教学设计,在课堂的引入、铺展、小结等环节自然渗透化学学科的"元素观""变化观""实验观"和"化学价值观"等,使学生原有的模糊的知识逐渐清晰,养成用化学的视角去观察身边的事物。

(二)教学内容分析

本节课是上教版九年级化学第一学期第 4 章《燃料及其燃烧》第 2 节《碳》的教学内容。教学基本要求知道碳酸钙的物理性质、化学性质(知道高温分解、跟酸反应并描述现象、写出有关化学反应方程式)。学生初见碳酸钙的性质是在教材第 1 章第 1 节《化学使世界更美好》,此时的教学目标定位是体验化学变化中有新物质生成。碳酸钙对于学生是熟悉的陌生人,因此本节课基于学生已有的知识,教师带着学生去梳理归纳碳酸钙的性质并在此基础上完善其性质的学习。

(三)教学目标

(1)知道碳酸钙在自然界中的分布及用途。

(2)理解碳酸钙的性质,初步学会碳酸盐的检验方法,体现"元素观"和"变化观"。

(3)在以石灰石为原料制备较纯碳酸钙的过程中,对实验方案进行初步设计与评价,体现"实验观"。

(4)在碳酸钙制备过程中,了解人类对资源的开发和利用、感受化学对社会、生活的贡献,体现"化学价值观"。

(四)教学重点和难点

重点:碳酸钙的化学性质。

难点:由石灰石制备碳酸钙粉末的方案设计及评价。

(五)教学流程图

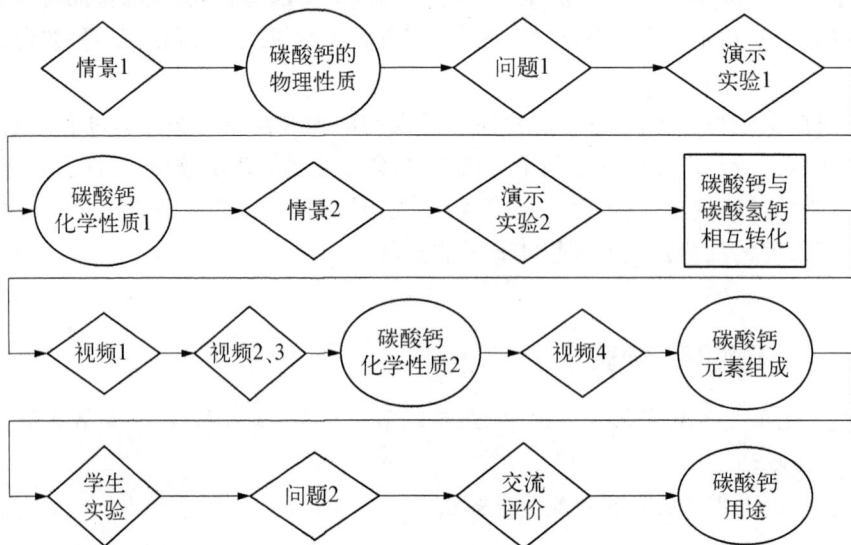

(六)教学过程

设计目标 1:知道碳酸钙在生活中某些用途。

——情景1：通过观看牙膏盒成分,导入新课。

设计目标2：通过石灰石制备碳酸钙的方案的初步讨论,展开其化学性质的学习。

——问题1：如何将石灰石制备成碳酸钙粉末?

设计目标3：梳理已有知识(碳酸钙与盐酸反应产生气泡),进一步分析该现象产生的原理并证明产物是二氧化碳,得出碳酸钙化学性质1(能与盐酸反应)。

——演示实验1(见图4-18)：

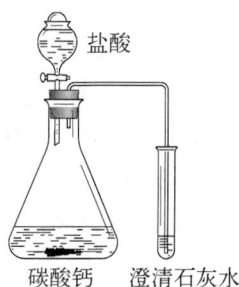

盐酸

碳酸钙　澄清石灰水

图4-18

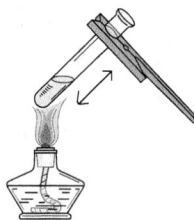

图4-19

设计目标4：知道碳酸钙在生活中的某些用途。

——情景2：观看钙片包装盒,用碳酸钙能与盐酸反应的性质解释相应原理。

设计目标5：知道碳酸钙与碳酸氢钙可以相互转化。

——演示实验2：加热碳酸氢钙(见图4-19)

设计目标6：知道石灰溶洞内各种现象产生背后的化学原理。

——视频1：石灰溶洞的形成。

设计目标7：碳酸钙化学性质2(高温分解)。

——视频2、3：演示实验(试管中高温加热碳酸钙粉末并通入澄清石灰水、冷却后试管内加入水和酚酞试液)。

设计目标8：运用守恒思想,验证碳酸钙中含有"碳、氧"元素。并通过阅读资料库,初步了解可以通过观察灼烧固体时火焰颜色判断"钙"元素的存在。

——视频4：碳酸钙在空气中高温煅烧,观察火焰颜色。

设计目标9：学生分组实验,运用实证思想,验证牙膏、钙片中含有碳酸根,在实验中加深所学的知识,感受化学在生活中的作用。

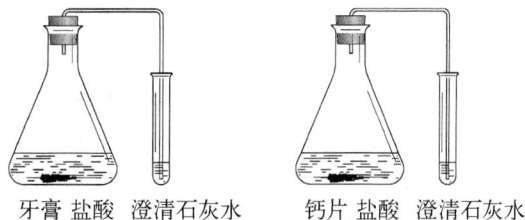

牙膏　盐酸　澄清石灰水　　　　钙片　盐酸　澄清石灰水

设计目标10：运用所学碳酸钙的化学性质,继续完成问题1的讨论。

——问题2：如何以石灰石为原料制备较纯的碳酸钙粉末。学生进行方案设计、评价。巩固本节课所学的碳酸钙化学性质并解决简单的制备问题。

设计目标11：阅读并翻译《天工开物》中"石灰"这节内容,知道石灰石在不同时代的开发利用,感受化学对社会的贡献。

(七) 教学反思

元素化合物教学对教师来说并不陌生,我们通常在基于以往的教学经验和考试要求进行一定的课时之内完成一种代表物的组成、性质与用途的教学。对于从中如何较好渗透化学学科核心观念教学的思考可能更多地被"考试会考吗?"这个问题而淡化。反思本节课教学是希望在传授知识的同时又教会学生学会用知识,体现"元素观""变化观""实验观"和"化学价值观"等,从而体现学科的育人价值。

在设计中运用了大量的情景素材。这些素材来源于自然现象、生产生活、社会环境以及实验室问题。问题情景的设计围绕的是牙膏中的"碳酸钙""它是谁""它从哪里来""它有什么用"。这个问题链不仅适用于这节课,对于元素化合物的教学都适合。从生活中产生的问题,问题的解决又依靠获得的知识。即知识源于实际又用于解决现实问题。教师作为设计者必须了解在中学阶段哪些核心观念和方法对于培养学生的科学素养是最有价值的,把这些观念和方法确定为教学的核心目标。基于本节课的教学设计过程,也引发我更多的思考,即如何充分挖掘教学内容,更好落实学科核心观念教学。

【案例6】 二氧化碳的性质

教　材:《九年义务教育课本　化学》九年级第一学期(试用本)第4章第2节,上海教育出版社

执教者:上海市光明初级中学　陈伟红

化学核心观念的构建影响着学生理解和应用化学知识的水平,对提高学生的科学素养和人文素养具有重要价值,是体现育人价值的重要载体。教学的设计,应突出核心观念的构建,精选典型事实和核心概念,引导学生通过深层次的思维活动,促进知识的理解和观念构建,为学生的终身发展奠定基础。

本案例以笔者执教的一节基于情境和问题链设计的教学研讨课《二氧化碳的性质》为例探讨如何利用情境和问题链来促进学生对化学核心观念的建构,进一步提升课堂的育人价值的一些做法和思考。

(一) 通过课标、教材和学情分析,确立本课的化学核心观念

1. 教学内容分析

本节内容在课程标准中的要求是理解层次。继氧气的学习后,二氧化碳是初中化学要求系统学习的第二种物质,仍承载着认识元素化合物方法教育的功能。二氧化碳参与了整个生命循环,是维持生态平衡的重要物质,对生态平衡有重要影响,因此又承载着科学物质观的教育功能。目前,温室效应已引起了全人类的共同关注,全面系统地研究二氧化碳的性质能很好地引导学生客观地认识物质,辩证地对待物质,帮助学生认识到任何物质都不能独立存在,都要参与到世界变化中,人们只有有节度地使用化石燃料,才能维持大自然中的碳平衡。教材将"燃烧和灭火""化石燃料""二氧化碳"并列为一个单元,从燃烧条件谈到化石燃料的燃烧在造福人类的同时要释放二氧化碳,进而研究二氧化碳的性质及维持碳平衡的重要意义,目的是引导学生从生活走进化学,再从化学走向社会、走进自然。

2.学情分析

二氧化碳是学生熟悉的物质,通过前面的学习,他们已经知道了二氧化碳的部分性质,二氧化碳是燃烧的产物、呼吸作用的产物,是光合作用的原料。但他们还没有深入地考虑二氧化碳的性质与其用途和在自然界中存在的关系。

在"温室效应"和"低碳"的大力宣传下,学生容易对二氧化碳造成误解,他们想不到考虑这种在大气中含量不多的气体对于整个自然界和生命循环的重要意义。因此,帮助学习建立对二氧化碳的正面认识,学会全面、辩证地认识物质是本节课的重要任务。

3.本课的化学核心观念和育人价值的结合点和渗透点的确立

变化观	变化是有条件的(内因、外因)的;化学平衡思想;化学变化伴随能量变化
实验研究方法	实证研究思想;观察、记录和分析的方法;控制实验条件的方法
化学价值观	书本知识与生活、生产、社会的联系

（二）在化学核心观念和育人价值的指引下制定合理的教学目标

1.知识与技能

通过实验探究、分析理解二氧化碳的主要性质,结合生活实际了解二氧化碳的用途。

2.过程与方法

通过对二氧化碳性质的探究,学会利用实验研究物质性质并对实验中出现的现象进行分析得出结论的方法。

3.情感、态度与价值观

通过讨论二氧化碳的功与过,体会"性质决定用途,用途体现性质"的学科内涵,树立客观辩证地认识物质的意识和"人与自然和谐共处"的理念。

（三）通过设计合适的教学情境,促进学生的化学核心观念的建构

建构主义学习理论提倡在教师指导下的以学生为中心的学习,追求教与学的合作化,并强调创设真实情境,把创设情境看作是"意义建构"的必要前提。情境教学,是在对社会和生活进一步提炼和加工后才影响于学生的。是寓教学内容于具体形象的情境之中,其中也就必然存在着潜移默化的暗示作用。换言之,情境教学中的特定情境,提供了调动人的原有认知结构的某些线索,经过思维的内部整合作用,人就会顿悟或产生新的认知结构。

创设学习情境是为了更有效地引导学生学习,不能为了创造情境而创造情境,教师在设计情境时,它的目的就是要让其为学生掌握教学内容而服务。创设情境一定是围绕着教学目标,紧贴教学内容,遵循儿童的心理发展和认知规律。结合本课的教学目标"通过实验探究、分析推理理解二氧化碳的主要性质;通过对二氧化碳性质的探究,学会利用实验研究物质性质并对实验中出现的现象进行分析得出结论的方法。因此本课设计的情境既应包含有可利用实验探究的内容,承担着为"过程与方法"这个维度的教学目标服务的教学功能,同时该情境也应该尽可能涵盖二氧化碳的众多性质,承担着为"知识和技能"的教学目标服务的教学功能。

化学课中的教学情境有多种组织方式,如图4-20所示。方式一,一个情境贯穿整节课,从不同的角度剖析、应用情境。方式二,一个大情境引入,根据教学设计,分割成并列的几个小情境。方式三,几个并列的情境分别应用,通过分析、比较和归纳,最后得出结论。方式四,几

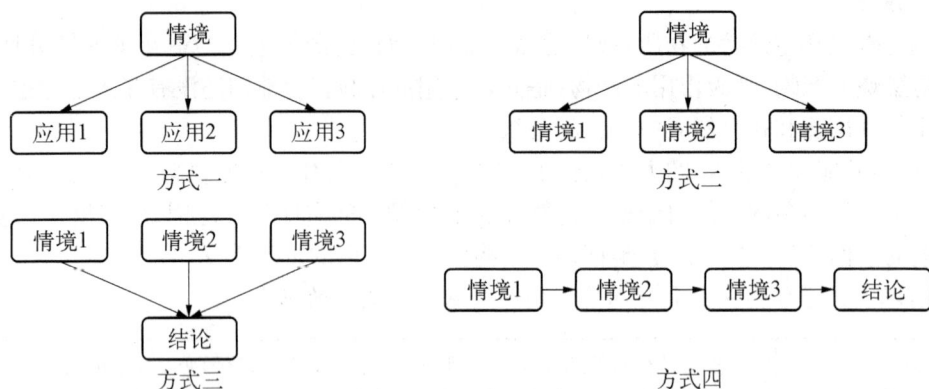

图 4-20　教育情境的组织方式

个递进的情境分别讨论,依次得出结论。

　　本课的情境采用的是方式二的组织方式。利用实验情境引入,在一杯水中加入干冰。初三学生的化学学习属于启蒙阶段,对于实验中的各种现象有较强的好奇心,根据学生的这个心理特点,该情境中出现的大量的白雾这一明显现象能有效地激发学生的求知欲,为后续的深层次的探究讨论奠定了良好的情感需求和讨论氛围。实验中出现的"水沸腾,而温度降低"的现象与学生的"前认知——生活中的水沸腾是放热的,水温升高"是矛盾对立的,这一认知冲突有效地激发了学生想进一步一探究竟的学习意愿。

　　实验中出现大量白雾的同时温度降低,这些现象消失后水又恢复原状,学生不禁提出问题:这水还是原来的水吗? 有没有变化? 因此,这个实验能顺利地使大部分学生主动关注温度变化、白雾、剩余的液体这三个关键点,围绕这三个关键点,设计了三个核心问题作为问题链的一级问题。由于这三个核心问题源于实验情境,在后续的逐步讨论中还是紧紧围绕情境而展开,从而将这个实验情境分割成了三个小情境,这三个小情境为三个核心问题的讨论和分析提供了形象、具体的客观依据,降低了学生的抽象思维的要求,有助于学生的思考和分析。这三个核心问题的解决基本涵盖了二氧化碳的相关知识点和科学探究的全过程,为达成本课的教学目标提供了有力的保障。

　　一个好的教学情境,应该是有鲜明的目标指向,能融教与学为一体,具有化学教学活动的内驱力,并使化学课堂具有自我生长性的立体的环境。

　　(四) 通过设计"问题链",在促进学生化学核心观念建构的同时,促进化学教学育人价值的落实

　　传统教学中,学生的学习重视的是对知识的回忆、复述和简单应用,而建构主义则要求学生通过不断的搜集信息、处理信息等高级思维活动来学习,学习的过程就是发展学生高水平思维的过程。"学起于思,思源于疑",思维总是在一定的问题中产生,思维过程是不断地发现问题和解决问题的过程。问题不仅是思维的起点,也是思维的动力。在课堂上,教师通过提问可以引发学生的认知冲突,促使学生积极主动地提取头脑中的相关信息,并查阅相关的资料,在对各种信息和观念进行加工和转换的基础上,做出合理的整合和推论,来分析和解决当前的问题,从而使学生的思维能力在解决问题的过程中得到不断的发展。在课堂教学中提倡"问题链"教学已成为当代课堂教学改革的重要特征之一。实施以问题为中心的教学,问题设计是课

堂提问的基础,是课堂提问顺利进行的关键,而且问题设计的优劣直接影响学生的学习结果,因此,问题的设计是关系整个教学成败的关键。当我们设计的教学流程是将教科书中的知识转换成层次鲜明、具有系统性的"教学问题",并使之成为符合学生探究心理的"问题链"时,以引领学生通过问题去思考和探究,也就给了学生一条经过努力可以攀登的、递进性知识阶梯和问题阶梯。

研究表明,并不是所有的提问都能达到启发学生、调动思维积极性的目的。教师可以把问题设计得非常具体、琐碎,使学生容易获得标准答案;也可以把问题设计得使学生调动起自己的经验、意志和创造力,通过或发现,或选择,或重组的多种过程形成答案。也就是说,不同的问题所引起的学生的思维参与程度是不同的,因此在培养学生能力上的作用也不同。根据学生思考问题时的思维参与程度,我们把问题分为两种水平四个层次:记忆性问题、解释性问题、统摄性问题和创造性问题。其中记忆性问题、解释性问题属于低水平的问题,侧重于学生对知识的记忆、再认和简单应用;统摄性问题和创造性问题属于高水平的问题,需要学生对知识进行一定程度的加工。低水平的问题是学生学习的基础,高水平的问题有利于摆脱学生死记硬背的学习方式,促进学生对知识的深入理解,培养学生的思维能力和创造力。在课堂提问中,教师要根据具体的教学内容,尽可能设计不同层次的问题,以满足不同层次学生的需求;同时教师的提问要注意先易后难,以符合学生的认知发展顺序。

教学目标是一节课的灵魂,是教学的出发点和归宿,也是衡量教学效果的标准。教学目标支配着教与学的全过程,并规定着教与学的方向,因此"问题链"的设计应以落实教学目标为"尺度",基于学生的认知水平与心理特点,至始至终以本节课的教学目标为来展开,巧妙设计与落实,只有这样才能发挥"问题链"在学生自我建构知识体系中的价值与作用。

结合以上认识,本课的问题链的设计如下图所示。

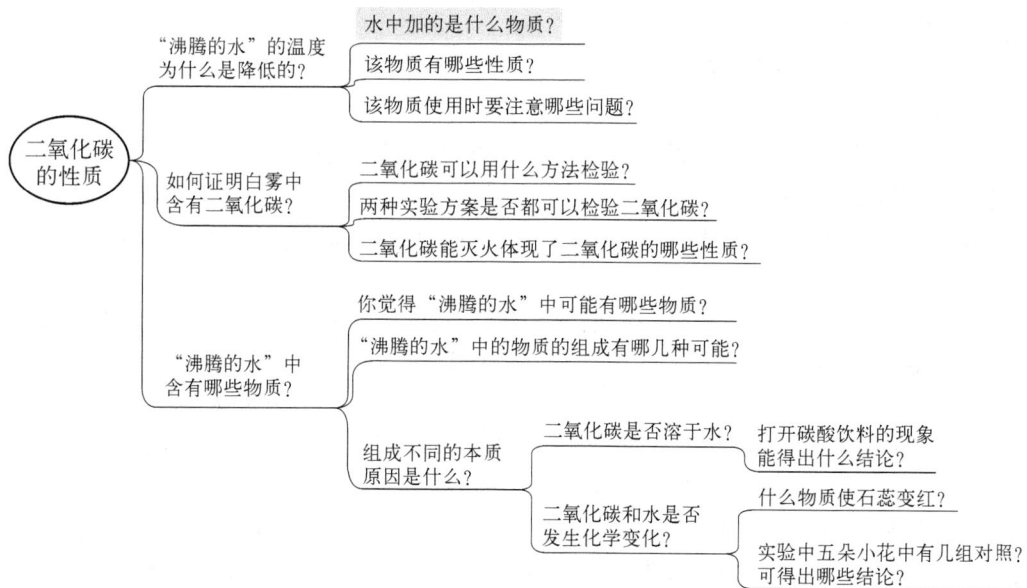

本课的问题链的主链是根据实验情境中的三个关注点设计了三个的核心问题。三个核心问题的解决则是进一步依托实验情境中分割出的三个小情境作为分析讨论的载体,设计了相

应的问题支链。

核心问题一源于学生的认知冲突，其问题支链的设计则是顺应学生的思维逻辑过程，通过该核心问题的解决使学生掌握二氧化碳的状态、干冰的用途和使用注意事项。这个核心问题及其问题支链是记忆性问题和解释性问题，属于低水平问题。根据问题一的解决学生不难推断出白雾中含有二氧化碳，化学研究中提出合理的假设、推断、通过实验验证也是常用的研究、认识物质的方法，因此问题二的解决渗透了对研究方法的体验，为问题三的解决提供了方法上的指导，同时问题二的解决让学生进一步掌握了二氧化碳的性质和检验方法和相关用途。核心问题二及其问题支链既有解释性问题，又有统摄性问题，属于从低层次问题过渡到高层次问题。问题三的设计则是想让学生通过一个较为完整的实验探究过程感受实验探究的每个环节，感受合理假设、推测、生活现象印证、资料佐证等探究常用的方法。通过解读实验装置，进一步感受对照实验的研究方法。因此问题三的问题支链的设计不仅着眼于学生掌握二氧化碳的相关知识，更重要的教会学生如何通过探究获得相关知识。核心问题三是创造性问题，是高水平问题。

在三个核心问题组成的问题链的引领下，通过探究、验证二氧化碳的性质，不断建构和完善新的认知，从而达成"通过实验探究、分析推理理解二氧化碳的主要性质，结合生活实际了解二氧化碳的用途"的教学目标。在核心问题二、三的解决过程中，学生体验了科学探究的过程中发现新问题、分析解决新问题，培养质疑探究能力、合作交流能力、表达能力，从而达成"通过对二氧化碳性质的探究，学会利用实验研究物质性质并对实验中出现的现象进行分析得出结论的方法"的教学目标。通过对二氧化碳的性质和用途的梳理，提升完善对二氧化碳的理性认识，养成理性思维的习惯，进一步体验"性质决定用途，用途体现性质"的学科内涵；通过讨论二氧化碳在自然界中的循环，讨论二氧化碳及其引起的"温室效应"的功与过，树立辩证客观地看待物质的两面性的意识和体验人与自然和谐共处的理念，从而促进达成本课所设定的情感、态度与价值观这个维度的教学目标。

（五）教学流程图（见下页）

（六）教学反思

建构主义学习理论认为"情境""协作""会话"和"意义建构"是学习环境中的四大要素。其中情境是激发学习兴趣的重要手段之一，而基于情境的合理的问题链的设计则是"师生、生生"之间良好的协作和会话的基础和纽带。因此，合适的情境和问题链的有效整合是达到意义建构的前提和基本保障。

本节课的设计本着"以活动促发展"的教学理念，把学生的原有知识作为新知识的生长点，依托实验情境，基于问题链，采用科学探究的教学模式，通过小组合作交流，让学生自己建构新的知识和认知，力求将传统的"以知识为本"的教学转移为"以学生发展为本""以观念建构为本""以提升学科素养为本"的教学。教学过程中充分调动了学生心理、观察、动脑、动手等全方位的学习因素，让学生在轻松愉快的学习氛围中有所得有所悟。

学习过程是一个不断发现问题、分析问题和再去认识更高层次问题的过程。"情境"对学习过程来说，有着至关重要的引导作用。以"情境"为中心，围绕科学的并能激发学生思维的"情境"展开学习，也是科学探究学习的重要特征。因此，在课堂教学中努力创设恰当的"情境"，通过"情境"启发学生积极的观察、思维。以"情境"为主线来组织和调控课堂教学，就能充分调动学生学习的主体性，促进学生科学探究活动的开展和课堂教学效率的提高。基于"情境"将

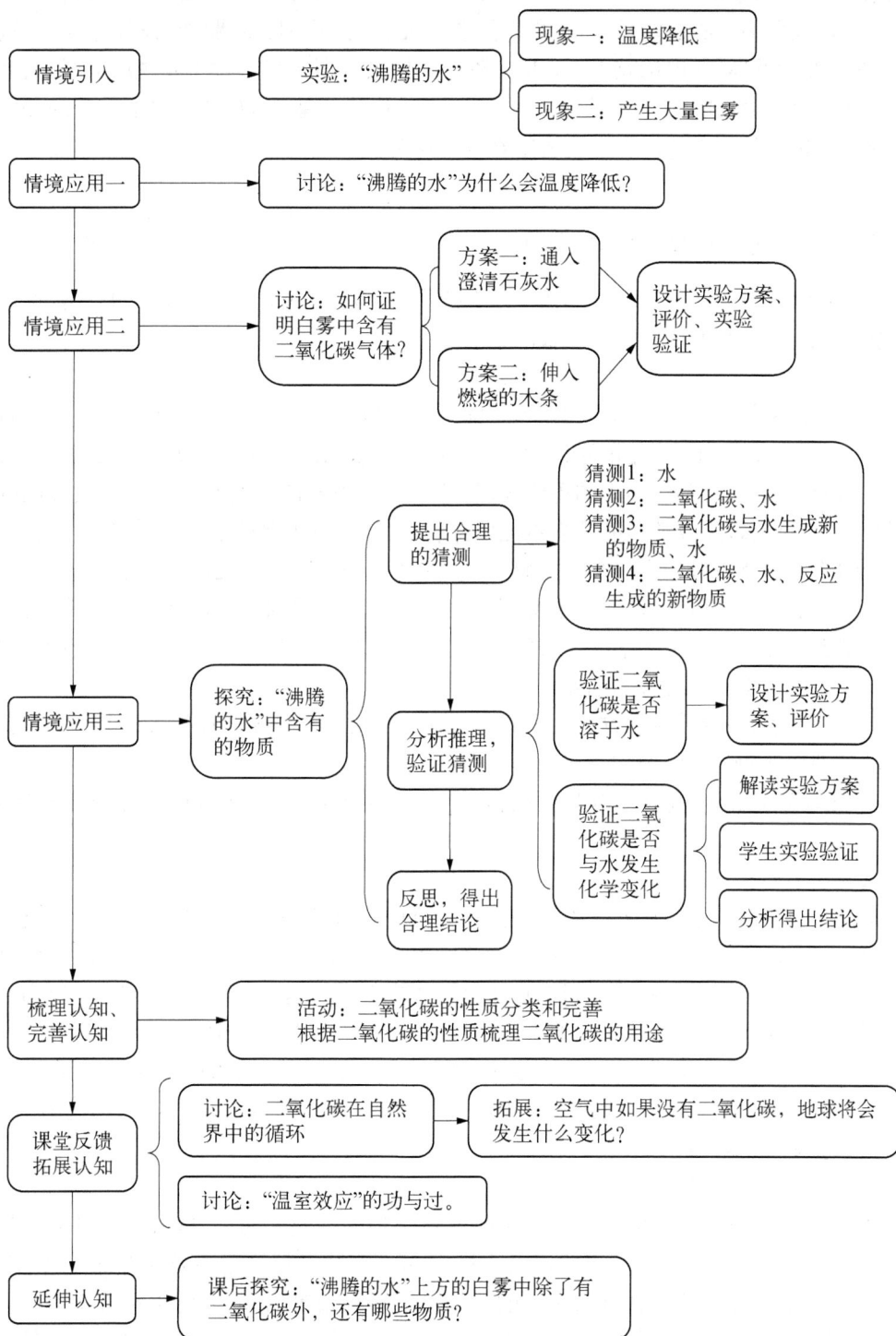

情境引入 → 实验："沸腾的水" → 现象一：温度降低

现象二：产生大量白雾

情境应用一 → 讨论："沸腾的水"为什么会温度降低？

情境应用二 → 讨论：如何证明白雾中含有二氧化碳气体？

方案一：通入澄清石灰水

方案二：伸入燃烧的木条

→ 设计实验方案、评价、实验验证

情境应用三 → 探究："沸腾的水"中含有的物质

提出合理的猜测 →
猜测1：水
猜测2：二氧化碳、水
猜测3：二氧化碳与水生成新的物质、水
猜测4：二氧化碳、水、反应生成的新物质

分析推理，验证猜测

验证二氧化碳是否溶于水 → 设计实验方案、评价

验证二氧化碳是否与水发生化学变化 →
解读实验方案
学生实验验证
分析得出结论

反思，得出合理结论

梳理认知、完善认知 → 活动：二氧化碳的性质分类和完善
根据二氧化碳的性质梳理二氧化碳的用途

课堂反馈拓展认知 →
讨论：二氧化碳在自然界中的循环 → 拓展：空气中如果没有二氧化碳，地球将会发生什么变化？

讨论："温室效应"的功与过。

延伸认知 → 课后探究："沸腾的水"上方的白雾中除了有二氧化碳外，还有哪些物质？

教学问题按照一定的逻辑性和层次性,以"问题链"的形式呈现,它具有综合性、探究性和开放性,这是展开课堂教学活动的一条主线,有利于培养学生的问题意识,提高学生的思维品质。教学中,要以"问题为中心引领教学,以思维为核心促进发展",把"问题链"设计作为一种教学方法,要围绕教学目标,突出探究重点,凸显学生主体地位,着力培养学生发现问题、提出问题、分析问题和解决问题的能力,使课堂真正成为研究问题的课堂,成为启迪学生思维的课堂,成为促进学生建构化学观念及提升学生科学素养的课堂。

【案例7】 碳及其氧化物的复习

教　材:《九年义务教育课本　化学》九年级第一学期(试用本)第4章,上海教育出版社
执教者:上海市光明初级中学　陈伟红

复习课是正常教学的一种延伸和拓展,化学复习课的主要目的是帮助学生对已学习过的知识进行归类、整理、加工,使之规律化、网络化;利用所学知识分析解决新问题,提升对知识的理解和运用能力;进一步关注学生的思维发展,注重化学观念的建构和学科核心素养的提升。复习课相比于新授课,其教学功能的多重性更显著,尤其是对于促进学生的学科观念的建构和核心素养的养成。复习过程是一个学生感知、感受、感悟的过程。在这个过程中,怎样让学生真正处于复习的主体地位,让他们的思维真正动起来,敢想、敢问、敢说、敢做、敢争论,充满求知欲和表现欲? 怎样让教师做学生学习活动的组织者和引导者,发挥复习课的多重教学功能是我们一线教师值得深入思考的问题。

笔者以执教的《碳及其氧化物的复习》为例,探讨在关注学科观念和核心素养,彰显复习课的多重教学功能的教学实践中的一些做法和体会。

(一) 以学科观念和核心素养为引领,结合复习课的特点、内容和学情,制定合理的教学目标

1. 化学复习课的特点

化学复习课是帮助学生将所学的有关知识进行回顾、归纳、巩固和提升,并进行纵、横向的归类比较,进而作知识的系统的整体综合,形成结构化、网络化的知识,是对原有学习知识的巩固;复习不仅仅是知识的再现,最终目的在于培养和提高学生运用知识、解决问题的能力,是对知识的深入理解再提升的过程,是对原有知识层次的深化;在复习课中将一些化学问题进行分析、分解、迁移和转换、重组,使问题得到解决的同时完善了原有的认知结构;在复习中更为注重思维能力的提升,通过复习课有助于学生形成一些核心的化学观念,或是有助于学生对于一些化学的核心观念的再认识。

2. 教学内容和学情分析

第4章中涵盖了燃料与燃烧、单质碳和碳的氧化物的性质和用途、碳酸钙的性质和用途、二氧化碳的实验室制法等众多事实性知识,同时也涵盖了探究反应后物质的组成、探究变质程度等综合探究,这些探究中往往涉及物质的鉴别、检验、除杂等内容,因此也包含了物质鉴别、检验、除杂的一般思路和方法等技能性知识。学生往往会认为这部分的内容是零碎、易懂、难记,因此这个单元的教学建议在部分新课教学后及时安排复习课,通过梳理建构小范围的知识网络,渗透技能性知识,达到分解重点和攻克难点的目的。

本课是在学习了单质碳和碳的氧化物之后建构"碳三角"知识网络的复习课。本课以"物质的鉴别、物质的检验、物质的除杂"这一知识的应用线贯穿于课的始终,在知识的应用过程中不断梳理一氧化碳和二氧化碳的知识,运用对比和归纳的方法,分步建构知识网络;在体验、分析和评价的过程中归纳出物质鉴别、物质检验和物质除杂这三类问题解决的一般思路和方法。通过从微观的角度分析一氧化碳和二氧化碳的性质的差异和相互转化关系,建构"宏观和微观相结合"的双重表征的化学思维方法和化学核心观念"转化观"。在复习课中回归教材,用发展的眼光重新思考审视之前学习的内容,提出自己的观点,提升质疑能力和解决问题的能力。

本课的设计基于"建构主义"学习理论,设计多种活动,帮助学生通过活动主动进行有意义的建构,实现在知识层面、方法层面和情感态度价值观层面的多重教学功能。也为后续的新课教学、"石灰三角"的复习、单元复习、酸碱盐的鉴别检验和除杂等内容的学习在知识和方法上奠定基础。

3. 教学目标的制定

基于以上认识,本课的教学目标制定如下:

(1) 理解一氧化碳和二氧化碳的性质;

(2) 通过梳理一氧化碳和二氧化碳的性质差异,初步学会一氧化碳和二氧化碳的鉴别、检验和除杂的一般方法;

(3) 通过讨论一氧化碳和二氧化碳的相互转化,学习建构知识网络的复习方法;

(4) 通过从微观角度分析一氧化碳和二氧化碳的性质差异,体验"结构决定性质"的学科思想;通过建构碳及其氧化物的知识网络,体验化学核心观念"变化观"。

(二) 结合学科观念和核心素养,分析挖掘教学内容的教育价值

1. 学科素养的渗透

设计与评价实验方案、对比、归纳、迁移、演绎等能力是化学学科素养的重要组成部分。本课涉及的物质的鉴别、检验和除杂这三类常见问题是学生第一次讨论,这既涉及大量的事实性知识和相关知识的灵活应用能力,也涵盖这类问题解决的一般思路和方法。这部分内容的教学可以很好地承载提升学生科学素养的教育功能。教学中通过让学生设计解决这三类问题的实验方案,在提高学生对知识的应用能力的同时也强化了学生的实验设计能力;在对多个实验方案的综合评价中学习对比、多角度综合分析评价的方法;通过体验解决问题的全过程,分析、归纳出解决问题的一般方法和思路,提升分析归纳的能力。

2. 学科观念的建构

从宏观、微观和符号三种水平上认识和理解化学知识,并建立起三者之间的内在联系,已经成为国际上公认的化学学科不同于其他学科最特征的思维方式,即化学的三重表征思维方式。化学的三重表征思维方式体现了化学学科的特点和化学科学的独特的魅力,它具有较强的可迁移性和强大的解释力量,能够使人们在认识和解决不同情境的问题时,用化学的语言进行简化和表达,从宏观与微观相联系的视角去审视和思考,而这正是具有科学素养的现代公民所应具备的能力。

本课在学生梳理了一氧化碳和二氧化碳的性质差异之后,可以引导学生从微观角度认识和理解这两种物质虽然组成元素相同,但是性质不同的本质原因。学习从宏观和微观角度分析问题的思维方法,感受"结构决定性质"的学科思想(结构性质观)。从微观角度进一

步认识一氧化碳和二氧化碳,更有利于学生理解一氧化碳和二氧化碳的相互转化关系,促进学生对"转化观"的建构。

(三) 选择合适的教学策略,促进"建构学科观念和提升核心素养"的教学目标的达成

1. 任务驱动教学策略

建构主义认为学生是学习的主体,知识获得的方法是学生去发现,教师的任务是为学生知识的获得创设情境,引导和帮助学生通过意义建构获得知识,让学生在意义建构的过程中进行创造。

任务驱动教学策略是学生在真实情境中的任务驱动下,在探究完成任务或解决问题的过程中,培养学生创新能力和自主学习能力的一种思想和方法。任务驱动法已形成了"以任务为主线、教师为引导、学生为主体"的基本特征,其实施流程如图 4 - 21 所示。

设计任务 → 提出任务 → 执行任务 → 总结交流

图 4 - 21　任务驱动教学策略的实施流程

一氧化碳和二氧化碳的性质梳理的教学设计如下:

教学环节	教 学 活 动
设计任务	两个储气袋中分别装有二氧化碳和一氧化碳,如何鉴别这两袋气体?
提出任务	请根据一氧化碳和二氧化碳的性质不同,结合老师提供的药品和仪器设计鉴别这两种气体的实验方案
执行任务	每个学生独立设计 3～4 个实验方案
总结交流	1. 汇报每个实验方案的步骤、现象、结论,分析每个方案涉及的两种物质性质的差异 2. 归纳物质鉴别的一般思路 3. 评价实验方案

本环节的教学设计是希望借助于"设计鉴别一氧化碳和二氧化碳的实验方案"的任务,在学生设计实验方案的过程中回忆再现知识;在实验方案的交流、评价中系统地梳理知识;在比较分析实验方案中归纳形成解决问题的一般思路和方法。

任务驱动式教学正是学生在任务的驱动下,全程参与学习过程,积极参与学习活动,充分发挥学生积极主动性,有利于自主学习能力和创造性能力的培养。

2. 基于问题学习的教学策略

建构主义认为学习不是教师向学生简单的传递过程,学生要主动建构信息。在基于问题学习过程中,随着每个问题的解决,相关知识被建构,为基于问题学习提供了最坚实的理论支持。

"基于问题学习"(Problem-based Learning,PBL)把学习置于有意义的、真实的问题情境中,以问题为学习的起点,学习围绕真实而有意义的问题展开。它是一种通过小组合作,在探究问题,分析问题最终解决问题的过程中,学习隐含于问题背后的科学知识,形成解决问题的技能,并发展学习能力的教学策略。其教学实施流程如图 4 - 22 所示。

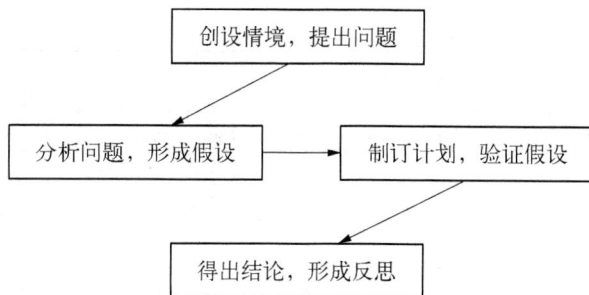

图 4-22　基于问题学习教学策略的实施流程

一氧化碳和二氧化碳的知识应用的教学设计如下：

教学环节	教　学　活　动
创设情境，提出问题	1. 投影教材中碳还原氧化铜的实验装置图 2. 视频实验：碳还原氧化铜 3. 讨论实验中石灰水的作用，该反应中是否还能生成其他气体
分析问题，形成假设	根据碳燃烧生成一氧化碳和二氧化碳的实验事实，推测还可能生成一氧化碳
制订计划，验证假设	1. 设计检验一氧化碳的实验方案 2. 评价两个实验方案 3. 实验视频：碳还原氧化铜的气体产物中一氧化碳的检验 4. 归纳形成物质检验的一般思路
得出结论，形成反思	1. 形成新认知 2. 讨论：碳还原氧化铜的反应中一氧化碳和二氧化碳的形成过程

在复习课中回归教材，用发展的眼光重新审视已有的认知，形成新的认知，这是教给学生温故而知新的学习方法，也是促进学生形成发展观，这也是学生必备的科学素养之一。

3. 整节课的教学流程设计中注重知识线和方法线并进，关注学科观念的提升和核心素养的养成的逻辑性、层次性和连贯性

本课的教学流程的总体设计中以知识线作为明线，知识应用的方法线作为暗线，两条逻辑线交替并进，渗透观念的体验和学科素养的提升，具体设计如下：

活　动　线	知　识　线	方　法　线	学科观念和核心素养
讨论：一氧化碳和二氧化碳有哪些相同点和不同点	两种物质相同点： 元素组成相同、物质种类相同、部分物理性质 两种物质的不同点： 分子内氧原子个数不同、部分物理性质、化学性质	学习从不同的角度对比物质的异同点	从宏观和微观的角度认识分析物质
讨论：如何鉴别一氧化碳和二氧化碳气体？ 设计、交流实验方案 评价实验方案，归纳物质鉴别的一般方法	一氧化碳和二氧化碳的性质差异	物质鉴别的一般思路和方法	设计和评价实验方案的能力 对比、归纳总结的能力

（续表）

活 动 线	知 识 线	方 法 线	学科观念和核心素养
讨论：一氧化碳和二氧化碳的性质为什么不同？	一氧化碳和二氧化碳的相互转化（回忆旧知）	从微观角度比较，异中求同、同中存异 初步建构知识网络	从微观角度分析解释宏观问题的能力 结构决定性质 物质的转化观
讨论：实验中澄清石灰水的作用是什么？生成的气体是否含有其他气体？如何检验？	一氧化碳和二氧化碳的性质	物质检验的一般思路和方法 在体验中归纳总结方法	设计和评价实验方案的能力分类思考 一般和特殊的思想
讨论：这个实验中的一氧化碳可能是怎么产生的？	一氧化碳和二氧化碳的转化（深化认知）	迁移应用 进一步建构知识网络	物质的转化观
讨论：如何除去高炉煤气中的二氧化碳，提高一氧化碳的含量？	一氧化碳和二氧化碳的性质差异 一氧化碳和二氧化碳的转化	物质除杂的一般思路和方法 在体验中归纳总结方法	感受化学价值观 设计和评价实验方案的能力
讨论：根据二氧化碳的性质，二氧化碳还能和哪些物质转化	二氧化碳的性质	进一步建构知识网络	物质的转化观

4. 合理清晰的板书设计，促进复习课多重教学价值的显性化

在教学过程中适时、恰当的板书有利于学生对所学内容的理解和掌握。由于复习课的特殊性，往往课堂容量大，既有知识的梳理、归纳和提升，又有方法的提炼和应用，还有隐性的学科观念和学科素养的渗透。合理、科学、清晰的板书设计不仅有利于学生明了课堂的知识线，更有利于学生掌握课堂中渗透的方法和情感观念线，对于彰显复习课的多重教学价值起了画龙点睛的作用。

本课的板书设计如下：

碳及其氧化物的复习

一、CO_2 和 CO 的性质差异

CO_2
溶于水
密度大于空气
$CO_2 + Ca(OH)_2 \longrightarrow CaCO_3 \downarrow + H_2O$
$CO_2 + H_2O \longrightarrow H_2CO_3$
一般不能燃烧，
也不能支持燃烧
/
CO_2 无毒，不支持呼吸

二、碳及其氧化物的转化

CO
不溶于水
密度略小于空气
/
/
$2CO + O_2 \xrightarrow{\triangle} 2CO_2$
$CO + CuO \longrightarrow Cu + CO_2$
CO 有毒

三、应用

1. 物质的鉴别
不同的性质 ⟺ 不同的现象

2. 物质的检验
特有的性质 ⟺ 明显的现象

3. 物质的除杂
(1) 一种物质反应（吸收），
　　另一种物质不反应
(2) 一种物质变成另一种物质

以上是笔者设计《碳及其氧化物的复习》这一课的步骤和思考,期望能通过关注学科观念的建构和科学素养的提升,实现复习课的多种教学功能和价值,真正让学生通过复习课达到知识的巩固、知识层次的深化和观念的提升。本案例的实践和研究希望能给同行起一个抛砖引玉的作用,在不同的课型、不同知识板块的课上继续关注学科观念和学科素养的渗透,充分体现化学课堂的育人价值。

附：教学流程图

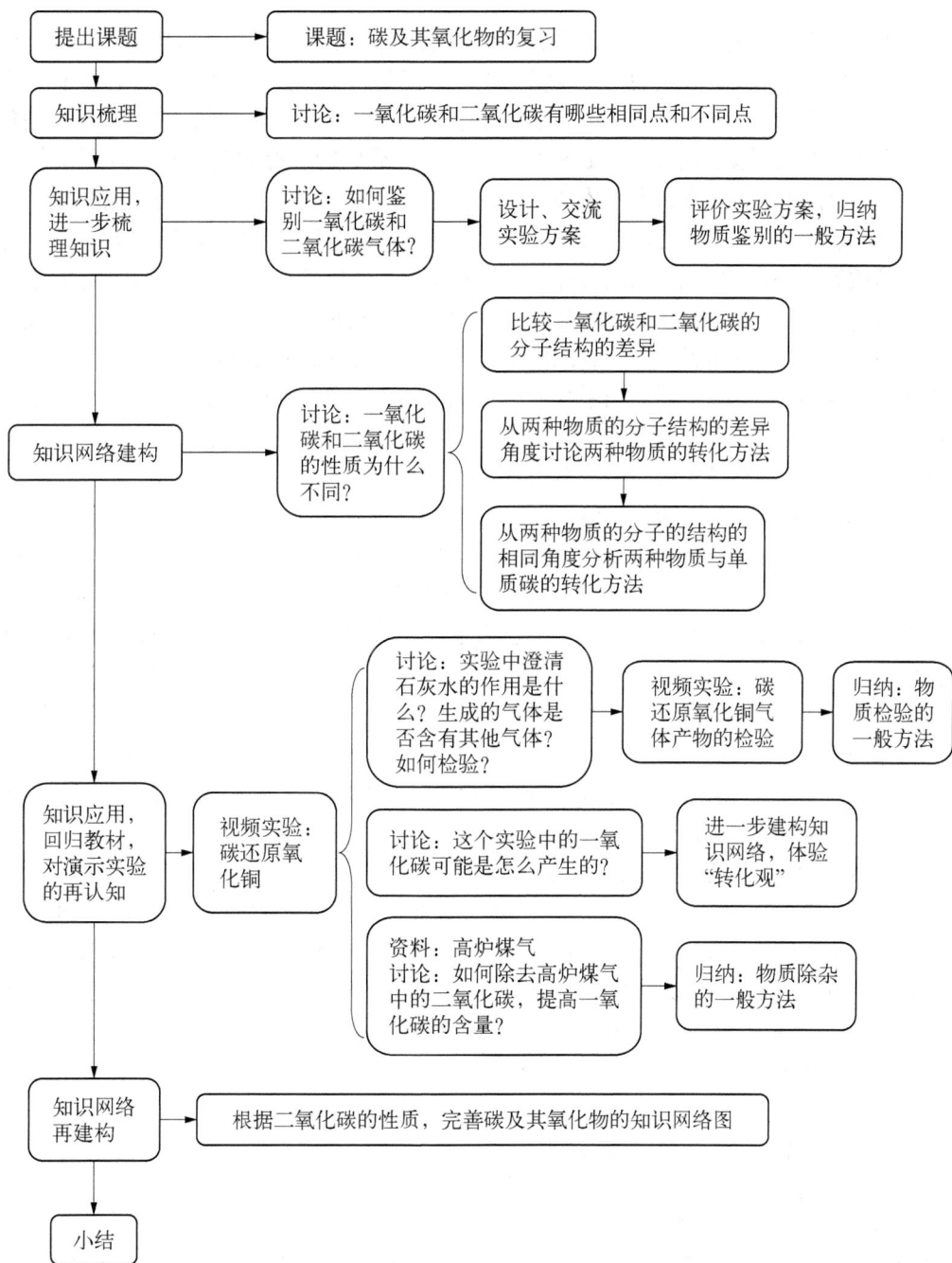

【案例8】　初中化学《常见的物质》专题复习课

——以氢氧化钠为例

教　　材：《九年义务教育课本　化学》九年级第二学期（试用本）第5章,上海教育出版社

执教者：上海市黄浦区教育学院　张如欣

初中化学教学一个重要目的是：让学生在九年义务教育最后一年的学习中,从元素组成、微粒构成和化学分类等角度("元素观""微粒观"和"分类观"),对生活中常见的各类物质有一个化学的认知,了解它们的性质和用途。这一学年是学生学习化学的启蒙阶段,对他们今后用化学的视角观察世界具有重要的意义,也是学生学习化学后形成的具有化学学科特质的关键能力和必备品格,是学科育人价值的集中体现。这一学年学生还面临着中考,在时间有限的复习阶段,有的教师会过分突出知识的再现,在复习课中安排大量的练习,没有明确的教学目标,忽视学生思维品质和创新能力的培养,或者在复习课中简单罗列知识点,重点不突出,导致学生的思维停滞不前。为此,有必要在提升对复习课教学功能与价值认识的基础上,优化专题复习课的教学策略,探索如何在知识的综合运用中更好地提升学生的思维品质,提高复习有效性。

进行复习课教学设计时,要应用系统的观点和分析的方法,客观地分析初中化学教学工作的规律和特点;全面关注学生的发展,恰当地制定教学目标;从教学中学生的问题和需要入手,确定解决问题的步骤,选择相应专题的策略和方法等。

(一)　全面把握教学目标要求,厘清"复习什么"

对目标任务进行分析,旨在通过对课程标准中的课程目标和内容标准的再次分析、研究,并且结合以教科书的研读、考试手册的分析,将有关内容的复习要求与学生现有的认知水平和进一步发展的需求进行比较分析,把学生的已有能力与要进一步培养的能力联系起来,把要学习的技能与要学习的知识联系起来;还可把"过程与方法""情感态度与价值观"的目标要求有机地、自然地整合在"知识与技能"的复习过程之中,融合在教学内容以及学生的发展之中,使认知和情意在复习阶段也能相互联系、相互促进。要在全面分析目标内容的基础上,进一步指出本专题复习任务的侧重点。"目标任务分析"和确定"教学目标"、"教学重点难点"的深入研讨,可以比较好地解决"复习什么"的问题。

(二)　建构课堂教学策略,设计好"怎样复习"

课堂教学策略是教学思路的反映、升华和核心要素。与新授课相比,复习课教学策略的设计更需要考虑和确定的是:安排什么样的教与学活动,使学生不但能"温故"而且能"知新"。要达到这个目的,活动的设计更应体现知识的综合性。具体地说,专题复习课应注重用好下列教学策略：

1. 安排教学活动时,要尊重学生现有的认知水平和个性差异

以《常见的物质》专题中碱——氢氧化钠的复习课为例,课程标准中对于氢氧化钠的教学要求为：

(1) 知道氢氧化钠的物理性质、俗名。

(2) 理解氢氧化钠的化学性质,解释必须密封保存的原因。

(3) 知道氢氧化钠的用途。

学生在新授课时已经知道氢氧化钠的性质、变质的常见原因以及如何证明变质,本节课可首先

进行上述内容的复习。但是,如果在复习阶段还是只重复以上几个问题,学生的思维停留在原有水平,复习的价值就不能充分体现。在教学设计中基于学生已有的认知能力、基于课程标准,设计不同梯度的问题,运用实验方法解决问题,可以提升复习的效果,为此可以设计以下教学流程:

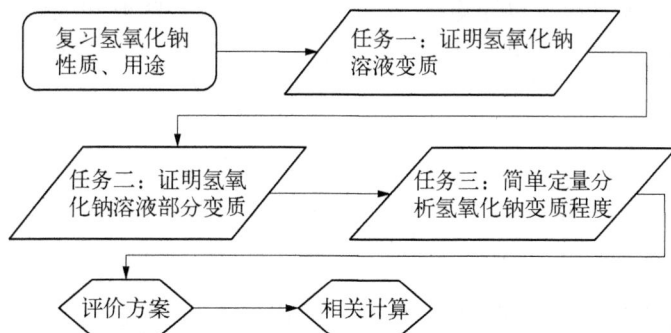

教学实例片断1:

教　师　活　动	学　生　活　动	设计意图	效果与反思
同学们比较熟悉的碱有哪些? 　氢氧化钠是我们比较熟悉的一种碱,它有哪些物理性质呢?它的俗名是? 　化学性质有哪些? 　氢氧化钠是非常重要的工业原料,同学们知道它有哪些用途吗? 　氢氧化钠如果露置在空气中,会由哪些变化呢?(板书氢氧化钠变质的化学方程式) 　所以它必须密闭保 　如果有一瓶氢氧化钠溶液变质了,你能用三种不同类别的试剂证明吗? 　如果要进一步证明氢氧化钠溶液是部分变质呢? 　证明部分变质是探究哪些物质的存在? 　分析已有的实验流程,找出设计中的问题,并加以逐步完善	回答:氢氧化钠、氢氧化钙 　回答:白色固体、易溶于水且放热、能潮解 　回答:火碱、烧碱、苛性钠 　回答:与指示剂作用、与酸反应、与酸性氧化物反应、与盐反应(简述) 　回答:潮解、吸收二氧化碳 　思考、提出方案 　设计合理、可行、简便的实验方案,培养缜密的实验设计能力和细致地观察分析能力,为自己的假设和猜想提供佐证或者做出合理的解释(实验观及实证思想)。教师对不同层次学生作不同的引导,但不要过多干预和修改学生的方案	复习相关知识 联想到氢氧化钠的变质问题 培养学生分析能力,复习碳酸盐的性质	证明氢氧化钠部分变质是学习难点,过程中出现了预料中的用酸、碱证明,让学生深入分析方案、评价,反思、修订,激发碰撞智慧的火花,能明显感受到学生成功的喜悦、思维的提升

2. 创设合理的情境,提出新问题

在常见的物质专题复习中,可以结合生产、生活中实际(化学价值观),设置有效的复习情境,提出新问题。

教学实例片断2：

教 师 活 动	学生活动	设计意图	效果与反思
工业烧碱中含有杂质碳酸钠,为了测定氢氧化钠的质量分数,某工厂甲实验员设计了如下方案: 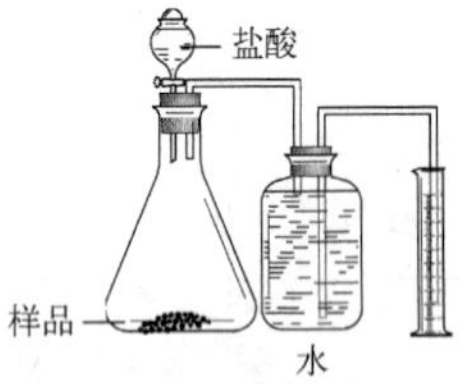		培养学生分析能力,复习碳酸盐的性质	
上述实验设计的目的是什么? 同学们是否同意上图的实验设计?	思考、评价 学生交流讨论	激发学生通过互相纠错来提高探究兴趣和实验设计及评价反思能力	
CO$_2$可溶于水,用上述方法测定它的体积,会有部分二氧化碳溶解在水中,导致二氧化碳的体积偏小,碳酸钠的质量偏小,氢氧化钠的质量分数偏大 同学们能不能在此基础上对上述实验进行改进,从而减少实验误差呢?			
将测定CO$_2$的体积改为测CO$_2$质量,从而通过化学方程式计算得出碳酸钠的质量 展示乙实验员的方案 样品中加入足量的氯化钡溶液,通过产生沉淀的质量,计算碳酸钠的质量 为了氢氧化钠质量分数的测定尽量准确,实验中要注意哪些方面?	学生评价方案、误差分析		
上述实验中如何确认沉淀已经洗涤干净?(教师适当提示) 在混合物分离提纯过程中,同学们往往会看到过滤后对沉淀进行洗涤,洗涤是用少量蒸馏水没过沉淀,滤干后重复操作2～3次。如果沉淀已经洗涤干净,流下的液体是水,如果还没有洗涤干净,流下的液体中应该含有哪些物质呢?(提示学生) 所以证明沉淀洗涤干净,就是证明液体中不含 NaOH 或 NaCl 或 BaCl$_2$ 原来含有的 NaOH 生成的 NaCl 过量的 BaCl$_2$ 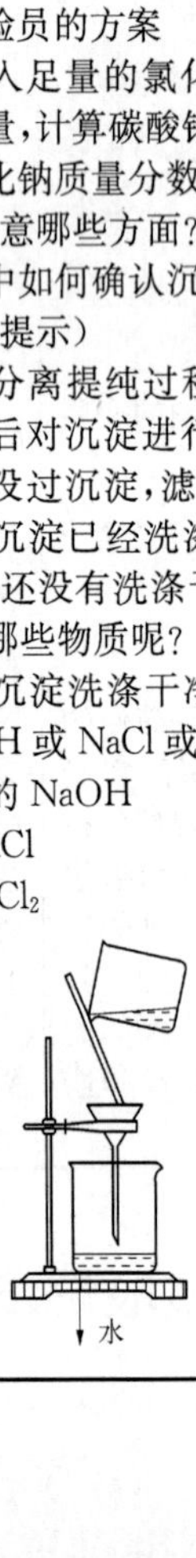	学生讨论交流 学生讨论交流	培养学生的语言表达能力及实事求是的科学态度。要对探究全过程进行考虑,了解物质间的转化及影响因素 将物质的鉴别、除杂以另一种形式出现在学生的面前,开拓学生思维	沉淀的洗涤不属于初中课程标准教学要求,此处设计问题的目的不在于掌握洗涤的原理方法,而是以此为一个展开点,将以往所学的酸碱盐知识、物质的鉴别方法融入其中,进一步拓展学生的思维,学以致用。该环节在教师步步引导之下,通过学生的讨论、互助,达到了预期效果,体现了有意义的学习过程

3. 注意利用实验综合知识,深化认识

实验可以进一步引导学生通过对实验的观察、研究分析获得感性信息去思考、探究常见物质的组成、性质等问题,从而揭示化学现象的本质。一般而言,演示实验、学生实验是在新课阶段完成。复习课的实验专题往往是"纸上谈兵",注重原理、现象与结论分析等。如果在专题复习中,能根据相关内容将一些实验在理论分析的基础上进行验证,或者将探究实验或某些实验片断从纸上搬到实验桌上,对学生的复习会起到事半功倍的效果。在本节课要求学生证明氢氧化钠变质,可以促使学生思考方案设计的问题所在,感悟实验设计的一般方法。

4. 将分散的知识点系统化、网络化

将分散的知识点系统化、网络化,从纵横两方面对知识进行归类、联系,可以达到对知识的掌握并能灵活应用、触类旁通。如果只是简单罗列氢氧化钠的性质和用途,而不是在复习阶段创设情境,激发学生进一步学习兴趣,用所学知识解决问题,复习的效果是极其有限。为在复习阶段提升学生的思维品质,以氢氧化钠变质成分的探究为复习主线,暗线则是围绕氢氧化钠的性质,将物质的检验、鉴别、除杂等方法自然融入,引导学生在复习阶段对实验的分析从定性过渡到简单定量,复习化学方程式计算、溶液计算,更好培养学生思维品质。

教学实例片断 3:

教 师 活 动	学生活动	设计意图	效果与反思
请同学们计算样品中碳酸钠的质量分数 　经测定,该工业烧碱中氢氧化钠的质量分数为 80%,如配制 2 000 g 2% 的氢氧化钠溶液,需要这种工业烧碱多少 g?	学生根据化学方程式计算 学生计算	通过习题加深对本堂课所学的内容并进行根据化学方程式进行计算复习 　复习溶质质量分数的计算	

5. 注重学生表达能力、评价能力的培养

专题复习应注重学生表达能力、评价能力的培养,以获取较高的教学效益。

思考装置设计背后的原理、分析步骤的合理性、思考现象的产生等,在新授课阶段受学生认知水平和课时的限制,一般不能展开综合分析。在专题复习阶段,可以结合相关内容,合理渗透对学生能力的培养。上述关于氢氧化钠质量分数的测定中,甲乙两套方案的评价,是本节课重点也是难点所在。通过学生的讨论、交流、教师的适时指点,让学生有一个充分表达自己想法的平台,展开对实验设计的评价、对同伴意见的评价,能激发彼此的思维火花。

(三) 加强相关知识之间的比较,寻找物质间的共性及差异,渗透化学学科观念

完成氢氧化钠性质复习后,及时引入氢氧化钙专题复习。两种物质的变质原因相同,但是证明部分变质的方法却有差异,指导学生分析导致差异的原因。进一步用所学的知识解决问题,有利于学生体会学科分类观、从一般到特殊的思想、在相似中找差异,在差别中找变化规律的思想。

(四) 作业设计专题化、体现层次性

既要体现复习的效果,使学生感受到成功的喜悦,又要激发学生进一步学习的潜能。常见的复习课作业布置形式为完成学科基本要求相应的内容,或者完成一套往年某区的二模试卷。作业量多、针对性往往不是太强。在复习课阶段,作业的重点不在于量,而在于根据复习的内

容,在完成基础型习题的前提下,选择能体现化学学科本质、培养学生思维的试题,从而减轻学生过多的作业负担。在完成作业的过程中,进一步用知识解决问题、养成严谨的分析、表达能力。这需要教师深入研究课程标准和考试手册,在茫茫题海中进行筛选,选择基于课标且符合学情的作业。

上面以复习氢氧化钠性质为例列举了《常见的物质》专题复习的主要教学策略,对比以往的罗列性质—默写有关化学方程式—完成相应习题的复习方法,可以更好地了解、诊断学生对于初中常见物质的知识掌握度,提高学生理论联系实际、分析解决化学实际问题的能力,有利于学生形成知识逻辑关系,帮助学生把酸碱盐知识按其内在联系自主串成线、结成网,形成知识网络。在实验的评价环节,学生进一步思考实验的科学性、方案的合理性、运用原理的准确性、仪器药品的使用是否恰当完备、实验数据的科学性合理性、误差产生及其原因等,利于提升学生的思维品质和学科素养,使复习课的功能不仅是帮助学生回顾知识,更在于能运用知识去解决化学问题。

教师在专题复习中深入思考,全面把握教学目标要求,厘清"复习什么";优化课堂教学策略,设计好"怎样复习";重视加强相关知识之间的比较,寻找物质间的共性及差异,渗透化学学科观念;重视作业设计专题化、体现层次性;不仅能提升复习效果,也能促进自身的专业化发展。

第三节　常见的有机物教学案例

【案例1】　甲烷

教　　材:《高级中学课本　化学》高中二年级第二学期(试用本)第11章第1节,上海科学技术出版社

执教者: 上海市大同中学　陆莉萍

(一) 教学设计思路

本节内容是上海科技出版社化学教材高二年级第二学期第11章《碳氢化合物的宝库——石油》的第二课时,是在学生通过初中学习的基础上,进一步从甲烷的分子结构角度来认识甲烷的性质。学生在学习中需要初步应用已有的原子结构、化学键等基础知识,从宏观、微观的角度来全面认识甲烷("宏观辨识与微观探析"的角度)。但由于学生对教材的内容比较陌生,基本没有形成有机物的学习方法,对比较抽象的原子结构和化学键知识理解不够透彻,空间想象思维较弱,所以在学习中应用辩证的观点从结构理解性质有一定的困难。因而在教学中通过模型制作和媒体模拟演示微观反应历程来培养逻辑思维和空间想象力,逐渐建立从结构角度学习有机物性质的有机化学学习模式,逐渐形成微粒观与结构性质观。

本节课遵循新课改的理念,引导学生结合生活实例体会甲烷对人类生活的影响,采用"搜集相关材料—实验操作—分析结构—分析讨论—得出结论"的学习方法,在实验探究中学习甲烷的结构和化学性质。在学习过程中让学生"动手做、动眼看、动脑思、动口议",手、眼、脑、口多种感官同时并用,使学生在"做化学"中"学化学",深切体会知识的形成过程,真正理解和掌握知识,从而达到较好的教学效果。

（二）教学内容分析

1. 课标与教材分析

本节内容在课程标准中的要求是理解层次。甲烷是学生进入高中有机化学部分学习的大门，同时本节内容也是在学生通过初中学习，初步认识甲烷的燃烧反应和一些主要用途的基础上，进一步从甲烷的分子结构角度来认识甲烷的化学性质，很好地体现了初高中教材的自然衔接。这样编排符合学生的认知规律，从学生心理因素考虑，更易接受和认识，而且有利于激发学生的学习兴趣和积极性。教材起点低，强调知识与应用的融合。因此，在教学设计时要关注学生生活经验，将学习内容结合生活中的实际问题创设情境，要以激发和培养学生学习有机化学的兴趣为主，不盲目拓展加深。逐步引领学生在循序渐进的学习中建立有机物"结构—性质—用途"的认识关系，为后续的有机化学奠定良好的基础。

2. 学情分析

学生在初中化学中已经了解了甲烷的物理性质、燃烧反应和一些主要的用途，因此在介绍这些知识时，要关注与已有知识的联系，从不同的角度引导学生积极地思考，帮助学生理解掌握。

学生在高一的学习中已经掌握了化学键与物质结构理论的基本知识，可以在老师指导下，写出甲烷的电子式和结构式。但学生的空间想象思维还相对较差，并且对比较抽象的原子结构和化学键知识理解不够透彻，因此要让学生在三维空间中对有机物分子真正了解，进而学习其化学性质，最终掌握有机化合物的学习方法。

（三）教学目标

1. 知识与技能

（1）了解甲烷在自然界中的存在和用途。

（2）知道甲烷的正四面体结构。

（3）了解甲烷的物理性质和化学性质。

（4）理解取代反应的概念。

2. 过程与方法

（1）通过动手做模型，写电子式、结构式、化学方程式，探究实验，积极地融入课堂，参与学习过程。

（2）通过比较模型、观察甲烷发生取代反应的动画和实验，增强对抽象知识的理解。

（3）在重点掌握甲烷化学性质的过程中，建立有机物"结构—性质—用途"的关系，体现"结构性质观"，初步学会化学中对有机物进行科学探究的基本思路和方法。

（4）通过观察记录实验现象和总结实验结论来提高科学实验的观察能力、思维能力。

3. 情感态度价值观

（1）通过学生自己动手做模型，动手做实验，让他们真正感受其中的快乐，从而其激发浓厚的学习兴趣以及探索新知的愿望。

（2）学习严谨、有序地分析问题、解决问题的科学态度及科学方法。

（3）拥有环保意识及关心能源、社会问题的意识。

（四）教学重点难点

1. 教学重点

甲烷分子的空间立体结构、主要的化学性质。

2. 教学难点

甲烷分子的空间立体结构、甲烷的取代反应。

(五) 教学流程图

```
课题引入：甲烷的存在及用途
        ↓
方法引领：可以从哪些角度研究甲烷？
        ↓
回顾旧知：你对甲烷知多少？
        ↓
学习新知：甲烷结构和性质的探究
```

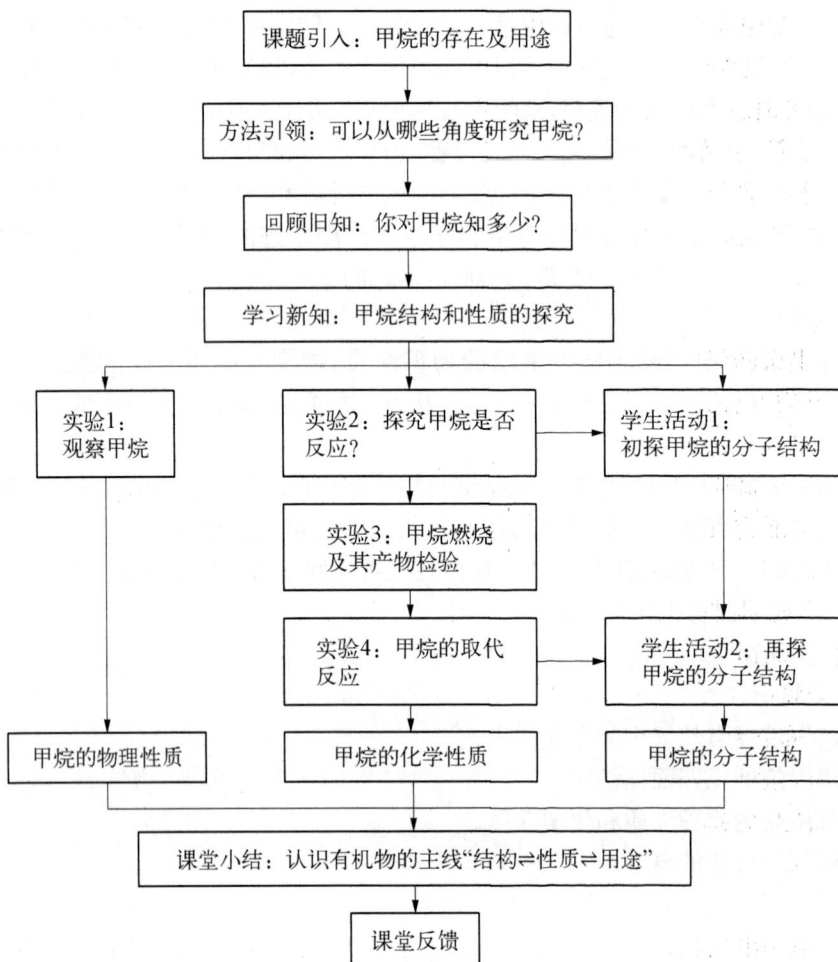

```
实验1：          实验2：探究甲烷是否      学生活动1：
观察甲烷          反应？                   初探甲烷的分子结构
                      ↓
                 实验3：甲烷燃烧
                 及其产物检验
                      ↓
                 实验4：甲烷的取代         学生活动2：再探
                 反应                      甲烷的分子结构

甲烷的物理性质     甲烷的化学性质          甲烷的分子结构
        ↓               ↓                      ↓
课堂小结：认识有机物的主线"结构⇌性质⇌用途"
                      ↓
                  课堂反馈
```

(六) 教学过程

教学环节	教师活动	学生活动	设计意图
引题	[多媒体展示]"西气东输路线图"，介绍神奇的可燃冰	观看,加深对天然气的认识	创设教学情境,吸引学生的注意力
	[引入]从查找资料的过程中,大家都对天然气有了一定的了解,它的主要成分就是甲烷,想了解其中的秘密吗？那么请大家跟我一起进入甲烷的学习	倾听并联系已有知识交流	明确主要学习内容、提出问题
	[板书]甲烷		
方法引领	[提问]可以从哪些角度研究甲烷？		
回顾旧知	[提问]你对甲烷知多少？		

(续表)

教学环节		教师活动	学生活动	设计意图
甲烷的物理性质及其在自然界中的存在	物理性质	[展示] 装有甲烷气体的储气瓶（瓶中留有少量水）	观察颜色、状态、思考溶解性。请一学生闻气味	充分调动学生学习的主动性,让学生感到成功的喜悦,激发学生学习的积极性
		[提问] (1) 通过观察,甲烷的物理性质都有哪些？ (2) 结合甲烷的物理性质,应如何收集甲烷？	交流小结	
		[板书] (1) 物理性质: 无色、无味、密度比空气小,极难溶于水	做笔记	
	存在	[讲述] 植物在隔绝空气情况下分解能够产生甲烷,在油田和煤矿附近往往有天然气,它们都是"清洁"的燃料,无毒并且热能高。很多城市由烧煤改烧天然气后,酸雨的危害明显减弱	知道沼气、坑气、天然气的主要成分均是甲烷	对学生进行环保教育
		[板书] (2) 存在: 天然气田、煤矿坑道、池沼等		
甲烷的化学性质	研究稳定性	[提问] 从甲烷的化学式上可以看出它可能具有哪些性质？	观察回答: 从化合价的角度碳是−4价是否据有还原性？作为氢化物是否具有酸性？	
		设计实验方案	[边引导边演示] 将甲烷分别通入酸性高锰酸钾溶液、溴水、滴有酚酞的NaOH溶液、滴有石蕊的稀硫酸	观察现象并讨论分析原因,得出结论: 通常情况下,甲烷稳定,如与强酸、强碱和强氧化剂等一般不发生化学反应	突出甲烷化学性质的相对稳定性。同时为下一节课与乙烯的化学性质对比埋下伏笔,有助于学生更形象地理解乙烯和甲烷的性质差别原因在于分子结构不同。也为接下来探究甲烷的结构首尾呼应
			[过渡] 但是,在特定条件下,甲烷也可以与某些物质发生反应,甚至爆炸	倾听,观看,思考	引出新问题,激发学生求知欲
	探究可燃性	提出问题	[讲述] 大家通过调查都已经知道甲烷是燃气的主要成分,可以燃烧,那么如何确定燃烧产物呢？	倾听,思考	发学生思考、辩论、研究问题的求知欲,实验技能的进一步提高
		设计实验方案	[引导] 你能否通过设计实验来验证呢？（分组进行设计实验方案）	思考,小组讨论实验方案	

（续表）

教学环节			教 师 活 动	学 生 活 动	设 计 意 图
甲烷的化学性质	探究可燃性	设计实验方案	[交流]小组交流方案	交流得到可能的方案： (1)点燃纯净甲烷气体,将燃烧产物依次通过无水硫酸铜和澄清石灰水,观察现象 (2)点燃纯净的甲烷,将燃烧产物依次通过浓硫酸和澄清的石灰水,观察现象 (3)点燃纯净的甲烷气体,在其火焰上方罩一只干燥的小烧杯,观察;另取一只蘸有澄清石灰水的小烧杯,观察	培养学生的团结协作意识
			[评价反馈]从方案的安全性、简便性、可行性等方面考虑引导学生选出最佳方案		培养学生多角度、综合分析问题的能力
		实验探究	[指导实验]请2名学生代表上讲台演示设计实验方案3	观察并记录实验现象	从理论到实践,大大激发了学生学习的积极性,深切体会化学是一门以实验为基础的学科。同时巩固学生已有的知识,提高学生动手能力
			[归纳]书写反应化学方程式	$CH_4+2O_2\xrightarrow{点燃}CO_2+2H_2O$ $Ca(OH)_2+CO_2\longrightarrow CaCO_3\downarrow+H_2O$	
		迁移拓展	[设疑]如何鉴别甲烷、一氧化碳、氢气三种无色气体？	联系甲烷燃烧产物的鉴定,进行分析,得出正确方法	让学生学会举一反三,运用已有知识迁移应用
			[拓展]甲烷与氧气反应,也就是天然气和沼气燃烧的道理所在。但和氢气一样,它也要纯,当甲烷与空气混合到一定比例时就会发生爆炸,这也就是各种矿难中最主要的一点——"瓦斯"爆炸 [录像]沼气爆炸	领悟安全的重要性	对学生进行安全教育,培养学生的安全意识
	与氯气的反应	提出新问题	[过渡]除了可以进行燃烧之外,甲烷还具有什么其他性质呢？请看大屏幕 [多媒体展示]PPT展示甲烷的热解反应	观看,并分析可能的产物及反应类型	展示甲烷的另一反应类型,使学生对甲烷的认识更全面
		实验探究	[演示]甲烷与氯气的改进试验反应(快!)(两个瓶子对比)	观察,记录实验现象	训练学生观察、分析、归纳总结能力
			[指导观察]观察实验现象,分析可以得出哪些与实验有关的信息？	分析颜色变浅：说明氯气参与了反应 瓶子变瘪：说明气体体积减小 有油滴出现：说明新的有机化合物的生成	

(续表)

教学环节			教师活动	学生活动	设计意图
甲烷的化学性质	与氯气的反应	探究取代反应	[设疑]化学反应的实质是旧键的断裂,新键的形成,那么甲烷与氯气的反应是如何进行的,这些反应是属于什么类型的反应? 可能有哪些产物呢? 如何检验?	思考,讨论,实践(用浓氨水检验氯化氢)	指引学生思考的方向。巩固已有知识,为学习立体构型做铺垫
			[提示]"结构决定性质"甲烷可以断哪些键呢? 请同学尝试书写甲烷的电子式和结构式	联系已有的价键理论和结构理论书写	
			[多媒体展示]播放甲烷与氯气反应 FLASH 动画,引导学生观察结构的变化,写出化学方程式	观看动画,分析思考方程式	给学生一种直观的感觉,提示其写出方程式
			[板书] $CH_4+Cl_2 \xrightarrow{光} CH_3Cl+HCl$ $CH_3Cl+Cl_2 \xrightarrow{光} CH_2Cl_2+HCl$ $CH_2Cl_2+Cl_2 \xrightarrow{光} CHCl_3+HCl$ $CHCl_3+Cl_2 \xrightarrow{光} CCl_4+HCl$	对比,纠正自己的方程式	让学生对甲烷与氯气反应的机理充分理解
			[过渡]根据甲烷的反应机理,总结取代反应的概念	思考,概括	让学生透过现象看本质
			[小结]取代反应与置换反应的区别于联系	归纳、比较	让学生进一步了解取代反应,学会联系与比较的分析方法
甲烷的分子结构	甲烷分子结构的探究		[提问]甲烷的空间构型是怎样的?		
			[设疑]从结构式中,我们能发现甲烷的成键有什么特点呢?	思考,可能答案:碳为中心,四个氢原子位于四角,与其形成共价键,键长相等	引导学生分析甲烷的结构
			[引导]下面,请开动脑筋,把手中的橡皮泥、牙签,制作出你们认为甲烷可能的空间构型	思考、设计甲烷构型,并动手搭建可能的设计方案: (1) 四边形模型 (2) 四面体模型 (3) 金字塔形	用身边的物品就可以做实验,能激发学生积极参与的兴趣,培养创造思维能力
			[展示]挑出几个有代表性的模型向学生展示	观察、比较	

（续表）

教学环节		教师活动	学生活动	设计意图
甲烷的分子结构	甲烷分子结构的探究	[过渡]同学们的想象力非常丰富，但以上只是我们对甲烷结构提出的设想，真正的甲烷的结构应该是哪种，我们还需要更多的理论或实验数据支持	倾听，思考	引导学生形成层层深入的思维结构，解决问题，培养学生科学的严谨性
		[引导]甲烷不溶于水，说明甲烷具有什么样的结构？同学们可以否定你们的哪些构型呢？	推测：4个氢原子的几何中心与C原子完全重合，使四个C—H键的极性正好抵消，整个分子没有极性。排除"金字塔形"	
		[过渡]"结构决定性质，性质反映结构"，既然甲烷可以发生取代反应，我们就看看它的产物可以传递给我们哪些信息	学生拿着球棍模型，一边嘴里念着反应机理，一边将甲烷与氯气反应过程用模型来演示出来	通过动手模拟，让抽象的反应具体化；手、眼、脑、口多种感官同时并用，使学生在"做化学"中"学化学"，真正经历化学知识的形成和运用过程
		[提供]二氯甲烷甲烷只有一种沸点的信息	进一步思考，讨论、判断，再排除"平行四边形"	
		[展示]甲烷的球棍与比例模型	认真观察，与自己所搭模型对比	通过甲烷构型的探究，培养学生探究思维的能力，归纳总结的能力
		[讲述]分子结构特点：正四面体型结构，呈高度对称状，而且C—H键比较牢固		
		[练习]请同学们用手中的球棍模型练习组装出甲烷的结构，认真体会甲烷的空间构型	动手组装、体会	加深学生对甲烷空间结构的理解和记忆
		[板书]三、分子式、电子式、结构式以及甲烷的结构特点、成键特点	领悟，记忆，整理笔记	为学生进一步学习打下基础
		[过渡]我们已经充分认识了甲烷的结构特点，大家都知道因内因起决定作用，结构决定性质	倾听，思考	引导学生了解学习有机物的基本思路：结构决定性质
知识拓展		我们继续来观察甲烷的模型，如果我把甲烷中的3个H原子分别用两个Cl原子和1个F原子来代替，你们知道这是什么物质吗？这是一个宝贝呀！【问题】三氯甲烷俗名为氯仿，可用来制取氟利昂。大家能破解氟利昂合成的机密吗？	回答：（二氯一氟甲烷）是氟利昂的主要成分之一，它的安全性和制冷效果比其他制冷剂更为卓越 取代反应	通过创设氟利昂生产秘密的情境，在解密中自然学习了甲烷的取代反应。本环节进行了教材的二次开发，充分利用实验让学生体会化学知识的获得是要实证的，也让学生感受到化学是一门应用性科学。联系生活常识，阅读课本，看老师的展示锻炼学生学习的整体性、持续性；并渗透环保、能源问题，使学生关注社会

（续表）

教学环节	教 师 活 动	学 生 活 动	设 计 意 图
课堂小结	［习题巩固］	完成练习	巩固知识
	［提问］你从这节课的学习中有什么收获？	认真思考	培养及时总结,使知识条理化的学习习惯
	［多媒体展示］整体知识框架及教学重点,学习方法	记忆,整理笔记	建立学习有机化和物的系统学习方法

（七）教学反思

"以问题为线索,学生为主体"的小组学习活动,并与"实验探究"和"模型认知"有机的结合,营造出师生互动和谐的课堂。主要有三个特点:

（1）采用直观模型、道具和多媒体,激发兴趣,层层推进。

（2）创设问题情境,吸引学生有意注意。

（3）通过演示实验组织学生进行实验探究、分析、归纳、对比和演绎。

本节课是学生进入高中有机化学部分学习的大门,关键是帮助学生建立学习有机化学的方法,以及培养其建立模型的空间思维能力,体现在本节课上便是甲烷空间构型的建立。本教学将其设计成探究活动,既体现了教师为辅,学生为主体的新理念,又让学生通过自主探索,寻找问题,解决问题,品尝到自主解决问题的乐趣,营造出师生互动和谐的气氛。本节课的另一个重点及难点的内容——取代反应,也以探究的方式进行,先以改进实验建立基本概念,然后由表及里进行分析,通过学生动手模拟,让抽象的反应具体化;手、眼、脑、口多种感官同时并用,使学生在"做化学"中"学化学",真正经历化学知识的形成和运用过程。最后氟利昂的发明史的回顾将化学又回归到生活,体现了化学价值观;通过实验和交流讨论,帮助学生理解甲烷的燃烧、稳定和取代反应,体会化学知识的获得是需要实证的。教学过程中蕴含穿插了方法线和观念线,三维目标都落实到位,实现了教得有效、学得愉快,课堂教学充满生机和活力!

【案例2】　杜康酿酒话乙醇

教　材:《高级中学课本　化学》高中二年级第二学期(试用本)第12章第1节,上海科学技术出版社

执教者:上海市敬业中学　姚澄

（一）背景

十八大提出,要把"立德树人"作为教育的根本任务。即从"知识核心时代"走向"核心素养时代"。化学学科核心素养是指学生在化学认知活动中发展起来,并在解决与化学相关问题中表现出来的关键素养,反映学生从化学视角认识客观事物的方式与结果的水平。

化学是一门以实验为基础的学科,也是一门与生活息息相关的学科。如何让化学走进生活,在生活中感受化学? 著名化学家戴安邦先生曾说过:"化学实验教学是实施全面化学教育的一种最有效的形式。"化学认知活动常常源于生活,伴随着实验展开的。从最贴近学

生的问题及感兴趣的事物出发创设问题情境,不仅可以激发学生对生活中的现象进行探究的兴趣和愿望,还可以引导学生将所学的化学知识与解决生活、社会等实际问题结合起来。在实验中探究不仅可以获得知识,更可以引导学生进行"宏观辨识与微观探析",理解"变化观念与平衡思想",学习"证据推理与模型认知",渗透"创新意识",培养"科学精神"、感知"社会责任"。因此,笔者认为实验教学与生活情境相结合是渗透学科核心素养的重要途径。现结合上科版高中化学二年级第二学期《12.1 杜康酿酒话乙醇》,谈谈笔者的做法和教学反思。

(二)教学内容分析

乙醇是继烃类——甲烷、乙烯、乙炔、苯之后,向学生介绍的第一种烃的衍生物,在有机物的相互转化中处于核心地位。在教学中着重需要引导学生抓住官能团的结构和性质这一中心,确认结构决定性质这一普遍性规律,提高思维能力和解决问题的能力,同时为今后学习的乙酸、乙醛等烃的衍生物以及等级考学生在高三进一步研究有机物打下基础。因此,乙醇分子结构的探究和乙醇的化学性质是本节课的重点,乙醇的化学性质和结构(官能团)之间的关系是本节课的难点。

乙醇在生活、生产、科研中的应用很广泛,学生对乙醇的某些物理性质(如颜色、状态、气味、溶解性等)、化学性质(如可燃性等)、用途(如杀菌消毒等)也并不陌生,有深入研究的愿望(如醉酒原理等),因此可以尝试从学生感兴趣的实验入手进行乙醇的学习,引导学生通过对实验的解读,将乙醇分子的结构与性质相联系,将生活中的现象与乙醇的性质相联系。在学习乙醇性质的同时掌握化学思想和探究方法;用所学的思想和方法理解知识,并最终能解释生活中的某些现象,让学生体会到化学是有趣且有用的,进一步激发学习化学,创造美好生活的兴趣。同时渗透"科学精神与社会责任""创新意识"等学科素养。

(三)教学流程图

笔者按照教学目标及教材内容,结合学生感兴趣的生活现象,设计了四组实验串起整节课的知识点,落实重难点(教学环节如下图),具体说明如下:

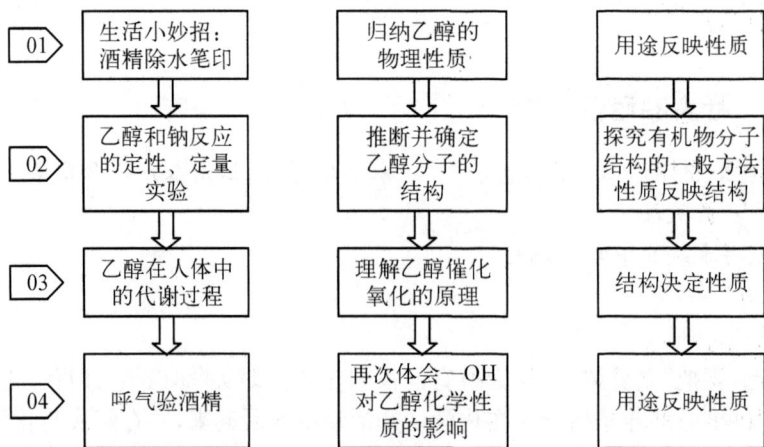

(四)教学中实验设计

实验一:酒精除水笔印(见图4-23)。

【设计意图】 乙醇是一种很好的溶剂,不仅可以溶解某些无机物还可以溶解有机物。

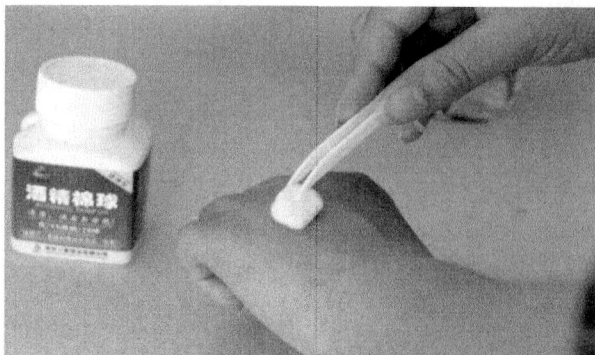

图 4-23

利用这一物理性质,笔者设计了这个实验。从生活小妙招入手,不仅让学生感受到这一性质和用途,更引导学生在实验中观察并归纳乙醇的物理性质(如颜色、状态、气味、溶解性、挥发性等)。

实验二:乙醇与钠反应的定性、定量实验。

【实验设计】

【归纳总结】 通过钠与乙醇的反应,我们知道了羟基上的氢原子因为氧原子的关系比烃分子中的氢原子更活泼,这就是乙醇的化学性质对其分子结构的体现。

【书写】 按照反应的原理书写并配平乙醇和钠反应的化学方程式。产物中的氢来源于乙醇中羟基。

【设计意图】 乙醇的结构的探究是本节课的重点。为了落实这一重点,笔者设计了四个环节:一是模型分析,利用球棍模型,从乙烷的结构入手分析乙醇分子中氧原子可能的位置;二是实验探究,在教材的基础上补充设计了乙醇和钠反应的演示实验(装置如图 4-24),并验证产物,同时让学生理解选择该反应探究乙醇结构的原因;三是定量分析(见表 4-5),利用模型和课本定量实验数据,证伪、证实,得出乙醇分子可能的结构;四是核磁氢谱验证(见图 4-25),利用现代科学技术手段确定乙醇的分子结构。通过这四个环节让学生了解有机物分子结构推断的一般方法,体会结构决定性质的思想。

图 4-24

表 4-5

乙醇质量/g	氢气体积/L
1.150	0.280
1.840	0.448
2.300	0.560

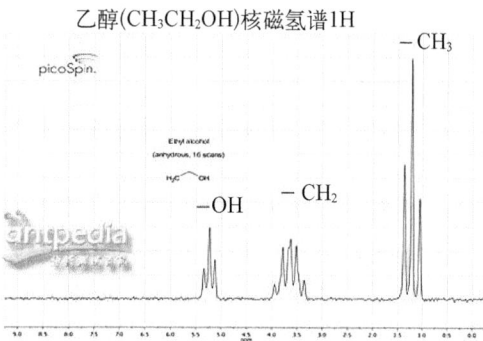

乙醇(CH_3CH_2OH)核磁氢谱1H

图 4-25

实验三:乙醇的催化氧化。

【教师讲解】 饮酒后,约 95% 乙醇先经过胃肠吸收再通过肝脏的酶系统进行代谢。通过不同酶的作用分两步氧化为乙酸,最终分解为二氧化碳和水。乙酸能增强细胞的活力。故适量饮酒对人体还是有益的。酶的作用就是催化剂。乙醇第一步催化氧化的产物是什么呢? 我们利用实验盘中的 Cu 丝、乙醇和酒精灯来探究一下。

【学生分组实验】 (见图 4-26):取一支试管,加入 3 mL 乙醇。将一根粗铜丝绕成螺旋状(如图)。把铜丝放在酒精灯上加热至红热后,迅速伸入试管里的酒精溶液中。反复多次后,嗅闻试管里溶液的气味。

【教师演示实验】 (见图 4-27):先用酒精灯加热具支试管至管中的铜粉由红色变为黑色,撤去酒精灯,将胶头滴管中的酒精挤入具支试管中,观察铜粉颜色的变化。再用酒精灯稍稍加热,观察硅胶颜色变化。加热新制氢氧化铜悬浊液,观察现象。

图 4-26

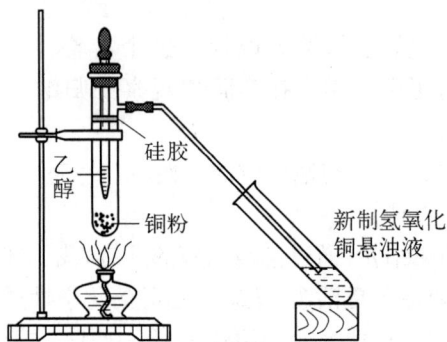

图 4-27

【微观模型演示】 乙醇催化氧化的微观演示(见图 4-28)。

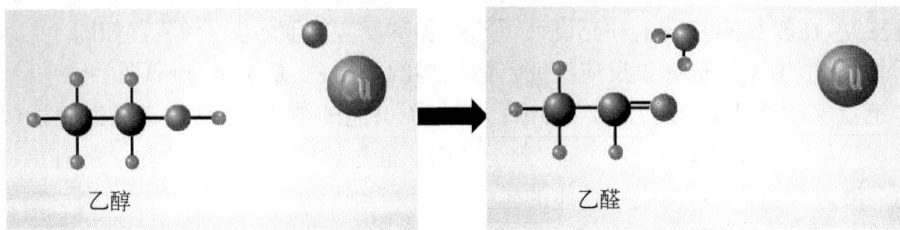

图 4-28

【设计意图】 乙醇的催化氧化是乙醇化学性质中的难点。借助乙醇催化氧化的学生实验,模拟人体饮酒后体内发生的化学变化,让学生学会用课本知识解释生活中的现象;学生通过完成课本中的学生实验理解了反应中乙醇和氧气在铜做催化剂的条件下进行反应的,但产物是什么? 学生从实验中并没有明显的现象。因此,笔者新增了一个演示实验,通过硅胶和新制氢氧化铜悬浊液将水和乙醛这两种产物检验出来。最后再通过动画,从微观上演示铜作为催化剂参与反应和乙醇分子断键、成键生成乙醛的过程,让学生进一步感受结构决定性质的思想。

实验四:呼气验酒精。

【设问】 乙醇在乙醇脱氢酶的作用下生成乙醛(脱两个 H 和氧结合生成水),在乙醛脱氢酶的作用下生成乙酸。饮酒过量为什么会伤身?

【讲解】 会伤身的是乙醇和乙醛。在人体中,乙醇脱氢酶的数量基本是相等的。但乙醛脱氢酶的有人多有人少,当饮酒过多过快,超过了乙醛脱氢酶的分解能力,残留在人体中的乙醛使人产生了恶心欲吐、昏迷等醉酒症状。再加上每个人胃肠对乙醇的吸收能力,造成了有人不胜酒力,也有人千杯不醉。但不管怎样,过量饮酒伤胃又伤肝。如果酒后开车,那就是害人又害己。在我国醉驾入刑早已实施。酒驾如何检测? 最初也是利用了氧化反应,酸性重铬酸钾溶液,它与氧气类似也是有强氧化性的,与乙醇反应会生成绿色的 Cr^{3+}。呼气后,通过颜色的变化,判断是否饮酒。我们可以试一试。

【学生演示】　乙醇检测的呼气实验。

【设计意图】　课本中的"拓展视野"中介绍了"酒精分析器里的试剂是吸收了硫酸和三氧化铬的硅胶,颜色呈黄色。……酒精与试剂发生氧化还原反应。CrO_3 还原为 $Cr_2(SO_4)_3$,颜色呈蓝绿色……"按照这段文字的内容,笔者先设计了如图 4-29 的装置,实验后有 2 个缺点: ① 固体(沾有试剂的硅胶)和气体(乙醇蒸气)间的反应速率比较慢,硅胶变色需要一段时间; ② 反应中需要用到浓硫酸和 CrO_3,两者的氧化性都很强,演示实验时存在一定的安全隐患。

改进后的装置,如图 4-30 所示。相较于图 4-29 装置: ① 酒精气体和溶液的反应,耗时短,连续吹气不超过 10 s,即可看到明显现象。② 装置简单,便于课堂演示和学生操作。③ 选用球形分液漏斗,一方面可以在球形部分中存放实验用的棉球;另一方面球形部分可以在学生误操作(应该是吹气,误操作为吸气)时,起到缓冲作用。

上课时,笔者同时使用了如图 4-30 所示的两套装置,进行对比实验,一个球形漏斗中放酒精棉球;另一个放入用水湿润的棉花球,两个同学一起呼气,5 s 内有位同学即有明显现象。借助这个改进实验对醉酒原理的分析,对学生进行生命教育。

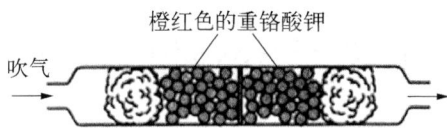

图 4-29

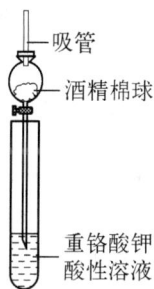

吸管
酒精棉球
重铬酸钾
酸性溶液

图 4-30

(五) 教学反思

1. 情境教学引导学生"从生活走向化学,从化学走向社会"

化学作为一门应用性和实践性很强的科学,它与日常生活和工农业生产的联系非常密切。从学生的生活经验出发,引导学生进行化学实验,有利于激发学生的好奇心和学习兴趣,培养学生运用知识的能力,形成学生主动发现问题、思考问题、反思问题的良好习惯,有利于迁移能力的培养。比如本节课中利用酒精除水笔印来总结乙醇的物理性质,用乙醇的催化氧化来探究饮酒的利与弊,用酒精与重铬酸钾的变色实验来解释呼气测酒精的原理。立足于学生的生活经验,通过化学实验拉近学生与学科知识之间的距离,让学生感受到学习化学的意义,体现服务于社会和生活的理念,最终达成"从生活走向化学,从化学走向社会"的目标。

2. 实验探究推动学生关键能力的提升

三维目标中不仅包括知识与技能,还有过程与方法、情感态度与价值观。在实验教学过程中,可以将三者有机地结合起来,给学生提供思考、分析的空间,让学生在"做实验"的过程中不仅培养严谨的科学态度,更能够通过发现问题、分析问题、解决问题的过程中学会科学探究的一般方法,提升关键能力。本节课中对乙醇分子结构的推断,从模型分析猜结构到定性实验观现象,从定量实验算数据到解读氢谱结构的过程中,不仅让学生体验了探究有机物分子结构的一般方法;还让学生深刻地体会到"实验是检验真理的唯一标准",即便是通过定性定量实验计算推测出乙醇分子的结构,也必须通过现代科学技术加以验证。对乙醇氧化反应的解读,从宏观现象到微观变化,从与氧气在催化剂条件下的氧化到酸性重铬酸钾的氧化,从不同的角度探究了乙醇氧化为乙醛的反应,有助于提升学生用宏微结合、变化观念分析、解决问题的能力。

3. 实验创新促进学生化学素养的完善

化学实验的创新,不仅要"新",更要体现"绿色化"的思想,即尽可能减少有毒有害物质的生成,确保实验的安全性;在确保实验现象明显的前提下,尽可能减少实验用品的用量等,让学生养成绿色环保意识。如本节课中的乙醇催化氧化产物的检验和呼气实验装置的设计就是建立在绿色化的思想上。前者用硅胶变色检验水、用新制氢氧化铜悬浊液检验乙醛;后者将气固反应改变为气液反应,并选用了球形分液漏斗,都是在确保现象明显的前提下,减少了实验用品的用量,避免了有害物质的扩散,加强了实验的安全性。这两套装置的设计也是在教学过程中受到学生的启发,共同研究的结果。在设计的过程中,不仅开阔了学生的思维,也是在潜移默化中培养学生的责任意识,对促进学生学科素养主动、全面的发展具有重要的意义。

第四节　化学实验教学案例

【案例 1】　测定 1 mol 气体的体积(第 1 课时)

教　材：《高级中学课本　化学》高中二年级第一学期(试用本)第 10 章第 1 节,上海科学
　　　　技术出版社

执教者：上海市大同中学　陆莉萍

摘要：对"测定 1 mol 气体的体积"的教学内容进行了"问题化"组织,整合、重组相关的教学资源,以"教方法"为目的,围绕"准确性"这一焦点学习定量实验,促进学生在体验中学习、在实际中完善、在反思中发展。

(一) 教学设计思路

在化学学科中,如果缺少了"量"的观点就难以建立科学的研究物质的方法体系,不便于揭示化学的本质,也就难以形成完整的化学知识体系,不便于培养正确的化学观。因此,重视定量实验的教学是中学化学教学的重要任务之一。而实验是目前化学教学中较为薄弱的环节,定量实验更是学生学习中"敬畏"的难点,其主要原因除定量实验有较高的设计要求外,学生缺乏定量实验的概念、方法和经验,教师在实验中过分强调接受现成的结论也是重要的原因。

如何在定量实验教学中激发学生探究的兴趣,帮助学生理解原理,掌握方法,发展能力,形成积极的情感,我做了如下探索:

一是以学生原有的知识和经验为基础。通过对气体摩尔体积有关知识和准确量取一定体

积的方法有关知识的复习,从学生已有的知识和经验出发引入新的教学内容,贴近学生的最近发展区,起到化难为易的作用,降低学习难度。

二是以问题为中心。对"测定 1 mol 气体的体积"的教学内容进行了"问题化"组织,整合、重组相关的教学资源,以学生为主体,以设计实验方案、选气体、选试剂、选实验装置和为减小实验误差不断改进实验装置为线索的教学设计,通过设计"测什么量""如何测量""如何准确测量"这些主线鲜明、环环相扣、层层推进的问题,引导学生积极思考、探究,充分调动了学生的学习积极性,促进学生在学习过程中的主动构建;通过开展基于问题解决的小组合作学习,展开合作、探究、评价、修正等一系列学习活动,引发生生互动,使学生有更多的机会交流与表达,有效地实现学习方式的转变。

三是关注学习过程和方法。根据定量实验的特点,以"教方法"为目的,围绕"准确性"这一焦点,在帮助学生理解实验原理、完善实验设计的过程中,采用探究的方式,引导学生如何将实验原理转化为实验设计,巧妙运用转化的思想,逐步建立起正确的分析和解决问题的逻辑思维方法,潜移默化地培养学生思维缜密性和批判思维,将学生发展的创新能力落到实处。学生在讨论过程中,敢于突破常规,提出大胆的猜想和独特的见解,思维的创造性也得到了充分的锻炼。

四是注重学生的情感体验。通过显性与隐形的激励评价,让学生感受到自身的进步和价值,体验不断改进实验设计的乐趣,有效地激发学生的探究欲望和学习化学的兴趣。在整个过程中,留给学生足够的思考空间和自我展示的机会,促进学生在体验中学习、在实际中完善、在反思中发展。

(二) 教学内容分析

1. 课标与教材分析

从高中化学教学内容看,学生已学习了基本概念和理论、元素化合物等,他们对通过实验认识化学物质有较多的体验,但大多数只是从定性的角度来认识。本章的定量实验完善了中学化学实验知识板块的内容。本节内容在课程标准的要求中属于理解层次。

二期课改教材在教学内容和编排体系上大幅度提高了实验在化学教学中的地位,高二化学第 10 章"学习几种定量测定方法"是定量测定的实验专辑。定量实验作为实证思想的重要内容走进课堂。本章学习的 3 个定量课题分属定量分析的 3 个基本类别,即气体体积法、重量法和容量法,使学生在解决定量测定问题的实验设计有章可循。

"测定 1 mol 气体的体积"实验是属于 3 个定量分析的基本类别之一,通过"测定 1 mol 气体的体积"原理和方法的学习,以及实验方案讨论与设计,掌握相关仪器的使用,理解间接测定的方法,掌握气体体积测定的基本原理与一般方法。基于教学中强调实验设计,强调测定中的准确性要求和误差分析,因而本节课对于训练学生的思维能力,提升学生思维品质(全面性、灵活性、严密性、批判性、深刻性),学习科学方法,养成科学态度,提高科学素养具有重要意义。

2. 学情分析

学生在高一时学过气体摩尔体积的概念,对于这部分知识可能已经有点淡忘,而本节课的实验内容注重的是在学生理解气体摩尔体积的基本概念上进行定量测定,要求较高。

学生在高一学习氯气的制取时,已经了解了常见气体的性质和制备方法,基本掌握了选择气体发生装置和选择气体收集装置的原则。定量实验是学生学习中的难点,主要是因为学生没有正面接触定量实验,缺乏定量实验的概念、方法和经验,思维理解层次较浅,又由于实验的综合性较强,学生的批判性思维品质和全面分析的能力较弱,这使学生学习难度增大。

　　由于学生实地观察实验、设计实验方案、改进实验装置机会较多,运用"引导—探究,发现问题—解决"模式,环环相扣,层层推进,逐步将探究的问题引向深入,可极大地提高学生学习的积极性,在实践中培养学生在实验过程中发现问题、解决简单问题的能力。

　　(三)教学目标

　　(1)了解定量实验的"科学、精准"要求,理解测定 1 mol 氢气体积的原理和方法。

　　(2)知道化学反应气体体积测定仪的结构和原理,了解测定 1 mol 氢气体积的探索过程。

　　(3)通过测定 1 mol 氢气体积的实验设计,体验定量测定中转化的思想方法,认识定量实验中"准确性"的重要性,初步形成严谨的科学态度和习惯。

　　(4)认识排水量气法测量气体体积的方法,根据实验原理来设计实验装置,经历实验设计和创造性思维训练过程,学习分析、比较、归纳、综合等思维方法。

　　(5)通过测定 1 mol 氢气体积的实验设计,体验改进、创新过程中思考、学习、设计的快乐。

　　(四)教学重点、难点

　　1. 教学重点

　　准确测定 1 mol 氢气体积的装置设计及其优化。

　　2. 教学难点

　　分析设计出的装置存在哪些误差问题,如何解决这些问题。

　　(五)教学过程

　　(1)诺贝尔奖引入,爱国主义民族精神教育,也体现定量实验与 STS 的联系。

　　(2)讨论如何"准确"测得 H_2 的物质的量,体验定量测定中转化的思想方法。

　　(3)分组讨论、设计"准确"测量 H_2 体积的实验装置,初步体验气体体积测定的基本原理与一般方法。

　　提出任务:请同学用实验室常用的仪器,讨论设计一套测定 1 mol 氢气的体积的装置。

　　预测学生可能设计出的装置为:

 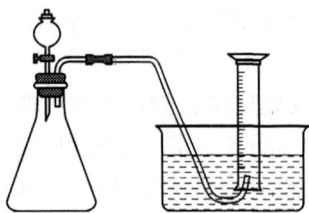 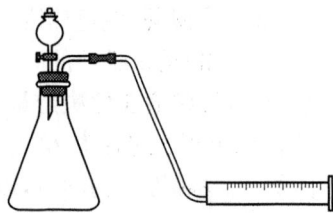

方案 1　　　　　　　　　　方案 2　　　　　　　　　　方案 3

　　在设计中学生可能遇到的问题:① 在装置中加入了气体干燥装置。② 用气球来收集气体。③ 用长颈漏斗代替分液漏斗来加入酸液。④ 氢气中混入空气的影响。

　　设计意图:让学生自主设计实验方案,能提供自由的思维空间,激发学生学习的兴趣。然而学生的想法也许会有很大的差距,但在教学中一般都能够设计出方案 1。对于学生思想的火花和设计时有疑惑的问题要及时鼓励和澄清。

　　(4)交流小组设计成果,讨论实验误差,深刻体验装置对"准确性"影响。

　　实物投影:展示学生的不同方案

　　组织讨论:各个装置的优缺点,可能引起哪些误差。

提示：① 该装置所测量的氢气体积是什么温度下的体积？② 氢气的体积与排出水的体积是否相等？③ 测得的气体的体积是否是常压下的体积？

设计意图：在学生讨论的基础上，运用化学实验直观、直接解答疑问，通过实验和分析使学生学会分析实验仪器和实验操作中存在的误差。体验实验法在解决实际问题中的重要性。围绕一般学生都能设计出的方法，通过对哪些因素会造成实验误差的讨论，交流，体会装置存在的问题，让学生自己发现设计的装置存在的问题，从而激发解决问题的愿望，为介绍新装置做铺垫。

（5）介绍新装置并完成实验，初步体验步骤"准确性"影响。

观察：化学反应气体体积测定仪

实验录像：测定 1 mol 氢气的体积

设计意图：通过问题引导学生思考新装置的设计意图，逐步设计出实验步骤。重点分析气密性检查、两次抽气，一切围绕定量的"准确性"进行。

（6）从简约的角度对装置再设计。整个实验设计过程采取了定性与定量相结合的方法，讨论了测定 1 mol H_2 的体积的原理，设计了实验装置，探究了实验装置上可能产生的误差，探讨进一步完善的措施。在设计实验的时候我们一定要牢记一个思想：定量测定一定要精确。

讨论并交流：你们觉得这套装置是否非常完美？能否从简约的角度再设计？

学生可能的设计：

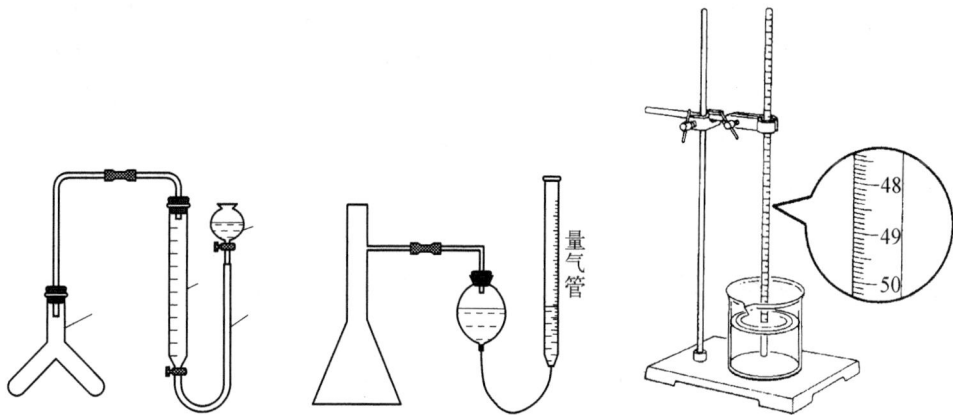

（看学生的反应，机动安排。每套仪器都有优缺点，都不是十全十美的。）

教师简介数字化实验（现代化学的发展很大程度上是与定量测定技术的进步密切相关的）

设计意图：在实验的过程中，我们不断地发现问题，积极思考，并想办法解决问题，我们的实验才会不断地改进和创新。而客观地评价实验装置的优缺点也是实事求是的科学精神的培养，最后数字化实验的介绍也指明了定量实验发展的方向。

（7）小结设计思路并布置作业。整个实验设计过程采取了定性与定量相结合的方法，讨论了测定 1 mol H_2 的体积的原理，设计了实验装置，探究了实验装置上可能产生的误差，探讨进一步完善的措施。在设计实验的时候我们围绕的思想：转化、精准、简约。

作业：实验设计"测定 1 mol CO_2 气体的体积"。

设计意图：课堂小结是思想提炼。课堂作业留有很大的研究空间，使课内的讨论延续到课外，不仅巩固课堂知识，还充分体会实验装置的改进永无止境。

（六）教学反思

一般的学生实验大多数为验证实验，学生发散性思维很少，抑制了学生个性发展，缺乏以问题中心的问题解决式的实验内容。所以我创设了探究性的化学实验设计的课堂框架，紧紧围绕"测什么量""如何测量""如何准确测量"进行，学生一直处于积极思维的状态。通过对实验装置的设计和优化，培养学生的创造性思维和将化学原理演变为实验原理的实践能力。在解决新问题过程中追求不断完善实验设计的目标意识，用熟悉的仪器设计出不熟悉的装置，在寻求解决新问题的途径中追求思维的创新意识。从定量实验如何做到"准"的角度让学生直接感受科学需要严谨，从装置的不断变化感受到科学需要创新。

本节课课堂气氛活跃，学生活动充分，在学生讨论的基础上，运用化学实验直观、直接解答疑问，通过实验和分析使学生学会分析实验仪器和实验操作中存在的误差。体验实验法在解决实际问题中的重要性。

本节课设计合理，教师的教和学生的学无缝链接，充分体现了学科思想和学科价值。但也有不足之处，比如为了显示科学研究的完整性，我制作了实验视频强调步骤对"准"的影响，课堂容量太大。能不能把实验步骤放在下节课讨论呢？思维的碰撞出火花是需要时间和空间的，学生的思考、讨论、交流的时间若再充分些，肯定还有令人惊喜的发现。

知识和能力不可能像礼物一样赠予，必须要经过学习者的主动求索才能逐渐形成，因此实践才能有体验，反思才能有新认识。加强过程教育，进行方法指导，培养学生能力。教师不是知识的占有者，也不是权威的代表，而是学生求知途中富有经验的引导者，教师不能和学生抢占学习舞台，而要利用学生的大脑来设计施教策略，使学生作为现实的独立个体进行合作，发现有意义的新事物、新思想、新方法，掌握蕴含于其中的规律，这样就获得相应的能力，也可能为将来成为"创新型"人才奠定良好的素质基础。这才是化学学科的育人价值所在。

正如我课上最后的总结："创新，永不停歇的脚步"。我还将继续探索更好的教学方式。

【案例2】　用玩具车玩转原电池，让课堂实验更加灵动
——揭秘原电池

教　材：《高级中学课本　化学》高中一年级第一学期（试用本）第4章第2节，上海科学技术出版社

设计者：上海市敬业中学　姚澄

（一）背景

在新一轮的高考改革背景下，基础教育的学科教学的终极目标是促进学生学科核心观念与素养的形成。以学科核心素养培养为主旨的学科教学方式，应该从单一向多样化发展，从以"教"为主向以"学"为主发展；从只重视文本知识的传授、灌输转向重视学生学习活动的设计组织和指导。如何推进教学的转型，从哪里作为推进的起点呢？上海市教委教研室和上海市教育学会化学教学专业委员会以"发挥实验功能，推进教学转型"为主题，于2017年12月7日在上海市大同中学举行了展示研讨活动。实验是化学最大的魅力和突破口，高中阶段是学生对

化学实验好奇感最强的阶段,用实验引发学生的兴趣,用实验培养科学的思维,用实验启发学生的智慧,让学生爱上实验,更爱上化学。怎样使学生既感到实验"好(hǎo)"玩,又"好(hào)"玩? 笔者选取了上海科技出版社高一第一学期第 4 章第 2 节《化学变化中的能量变化》的最后一部分"铜锌原电池及其原理"作为本节课的教学内容,在本次活动中进行了展示。以玩具车为载体,在一系列"好玩"的实验活动中对原电池的工作原理进行揭秘。现就这节课的设计意图、实验设计片断和教学反思进行阐述。

（二）让实验变"好玩"的设计思路

"原电池"是高中化学学科体系的核心知识之一,它的教学内容是氧化还原反应理论的延伸与应用,也是后续电化学知识的基础;既涉及学科交叉,又与生活实际联系密切,是渗透学科观念、提升关键能力和培养科学精神的好素材。如何用好这个素材? 如何让学生从被动接受转变为主动参与? 笔者想到了"玩",用玩具车玩转原电池。以如何让玩具车跑起来作为激起学生探究的兴致和欲望,通过让学生对玩具车中电池的拆装、装置的转换、实验方案的设计与评价等多种实验活动,对铜锌原电池的工作原理进行层层揭秘。通过引导学生在"玩"中细致观察、准确描述、分析归纳,最终形成原电池的概念。立足于学生的需要,设计"好玩"的实验,引导学生从身边走进化学,从化学走向社会,不仅使学生更深入地感受到化学变化中能量转化的独特魅力和应用价值,更在"玩"的过程中提升了学科素养。

（三）"好玩"实验的设计意图

1. 教学目标

（1）能从"微观探析"来解释铜锌原电池的工作原理,理解原电池的概念。

（2）在对铜锌原电池工作原理探究的过程中,体验构建原电池模型的过程,培育"证据推理与模型认知"学科核心素养。

（3）通过对铜锌原电池工作原理的学习,感受化学变化中能量转化的独特魅力和应用的价值。

2. 教学重难点

铜锌原电池工作原理。

3. 教学流程图（见下页）

4. 实验片断和设计意图

实验一:跑动的玩具车。

【引入】　玩具车是很多同学小时候的最爱。今天这节课我们就从一辆玩具小车开始。每个小组都有一辆玩具车,怎么让它自己跑动起来呢? 请对准小车尾部蓝色盒子的孔洞,加 1 滴管神秘液体。

【学生实验 1】　实验、观察现象并记录。

【提问】　玩具车跑动,说明有能量产生。能量来自于玩具车的哪个部分? 提供的是什么能量?

【猜测】　蓝色盒子。可能是电能。

【演示实验】　用电流计和导线连接蓝色盒子。

【学生观察】　电流计指针是否偏转。

【讲解】　这样一个能够形成电流的蓝色盒子,可以作为提供电能的电源。今天我们就一起来揭秘这一类最原始的电源——原电池。

情境引入 → 跑动的小车 ──────────────→ 激发兴趣

【揭秘一】电池里有什么? → 【实验1】观察电池内部结构

【揭秘二】电池中的电流从哪里来? → 【实验2】转化装置并实验

原理探究

【揭秘三】电池的正负极如何判断? → 【实验3】判断电子流动的方向,确定电池的正负极

→ 剖析铜锌原电池的工作原理

【小结】小车电池(铜锌原电池)中各部分的作用

概念形成 → 【归纳】从"能量转化"和"化学反应"两个方面归纳原电池的原理 → 归纳总结原电池的定义

拓展延伸 → 【实验4】设计原电池 → 【介绍】形形色色的电池 → 感受原电池的应用前景

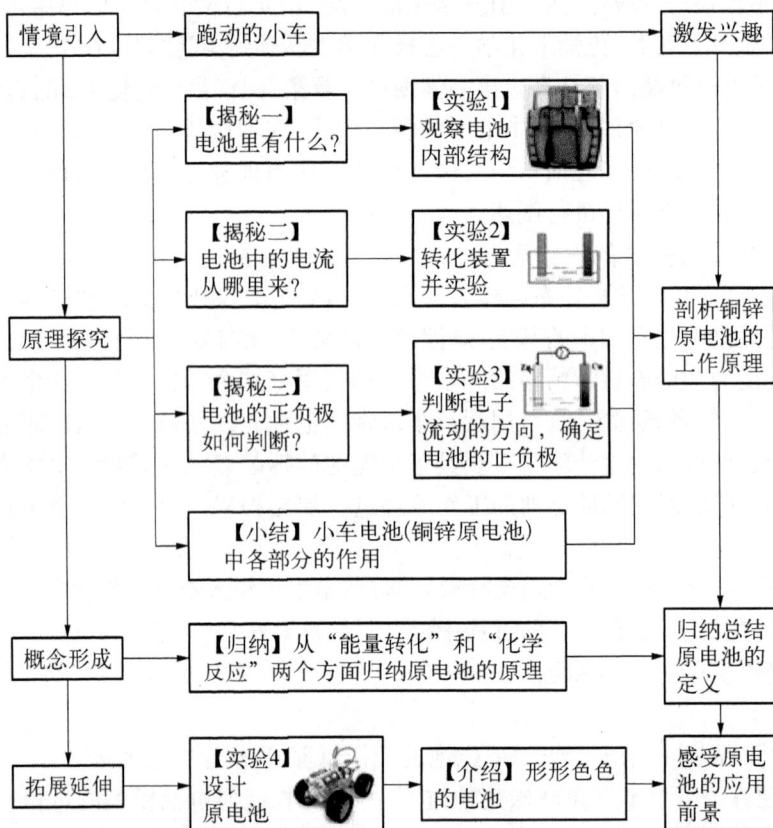

【设计意图】　用一滴管的神秘液体可以让玩具车跑动,用电流计的测定明确蓝色盒子是能够提供电能的电池。这不仅激发起学生"玩"的兴致与欲望,促进学生自觉主动地融入学习情境中,还引出了本节课的课题。

实验二:电池中有什么?

【学生实验2】　拆开电池,观察内部结构,记录后再将电池复原。

【学生讨论后回答】　描述电池的内部结构,并提出自己的猜想和疑问。

【讲解】　接下来我们就这些问题来进行一一揭秘。滴加的神秘液体是稀硫酸。银白色金属是锌片。电池由铜片、锌片、浸有硫酸的无纺布组成。

【设计意图】　拆开电池,顺应了学生的好奇心;对电池内部结构的描述和将电池复原的要求,旨在引导学生从不同角度观察研究物质;鼓励学生提出自己的想法和疑问,则是培养学生探究和质疑的精神。学生提出的想法是基于自身的经验和已有的知识,提出的疑问则是本节课需要解决的问题,如此设计是将整节课的揭秘过程建立在以学生为本的前提下,解决学生在"玩"的过程中所提出的问题。

实验三:电流从哪里来?

【讲解】　这个电池比较小,不便于实验室研究,我给大家提供实验室里已有的大号铜片、锌片和方形的小水槽,请同学们把这个小电池变得更大一些。

【学生讨论】　画出装置图。

【设计意图】　让学生将玩具车中的电池转化为实验室中的装置,不仅是考查学生在前一

实验中对于玩具车电池中各物件位置关系观察的细致程度,也暗含了学生对原电池装置的初步理解。这既是对装置的转换,也是学生对原电池模型的初步构建,还为接下来运用该模型解释、推测锌片、铜片上的现象和电流的产生埋下伏笔。

【提问】　这个装置中会有什么现象?为什么?

【学生回答】　锌片上有气泡,铜片上没有。$Zn + H_2SO_4 \longrightarrow ZnSO_4 + H_2 \uparrow$。铜不活泼,不能与稀硫酸反应产生气泡。

【提问】　反应中有电子转移吗?标电子转移的方向和数目。有电流吗?为什么?

【学生回答】　有,电子由锌到硫酸中的 H^+。H^+ 在锌上得到电子,有电子的转移,但在同一地点,所以电子没有定向流动,没有形成电流。

【学生讨论后并实验3】　对照玩具车中电池的连接,请同学们在原先设计的装置图上补充连接导线和电流计,完成装置图后再进行实验。记录现象。

【学生解释实验现象】　铜片上有气泡,说明电子通过导线流动到铜片上,H^+ 在铜片上得电子生成 H_2。电流计指针偏转说明有导线中有电流产生。

【追问】　(1)电子从哪里来?

(2)如果没有铜能否产生电流?

(3)铜片有什么作用?

【学生回答】　(1)锌和硫酸反应是一个氧化还原反应,锌失去电子,作还原剂,H^+ 得到电子生成 H_2,作氧化剂。锌、铜通过导线相连接后,电子从导线中流过,电子定向移动形成电流。

(2)不能,H^+ 在锌上得电子,得失电子在同一地点,电子有转移,但没有定向流动。

(3)铜片没有发生反应,仅作为导体传递电子。

【追问】　铜片是不是也可以用其它能导电的物质代替?比如铁片、石墨?

【学生回答】　可以。

【提问】　要使电子定向移动形成电流,需要满足什么条件?

【学生小结】　必须发生氧化还原反应,还需要将失电子和得电子分开在两个不同的区域(铜、锌电极)进行。

【讲解】　有了这个自发发生的氧化还原反应,借助原电池这样的装置,就可以把反应产生的能量转化为电能。

【设计意图】　学生对于锌片放在稀硫酸中会产生气泡,而铜片不会与稀硫酸反应的原理是明确的。然而当我们用导线将锌片和铜片连接后,铜片上却有气泡产生。气泡产生位置的变换引发了学生的认知冲突,这也是引发学生深层思考的好契机。通过宏观认知和微观辨别的认知不同步,促使学生依据宏观现象对微观变化进行逻辑推理和验证,提升学生从不同维度认识物质变化的能力。

实验四:电池中的正负极如何判断?

【设问】　电子是从锌片流到铜片上。物理课上我们知道,电流的方向是从电源正极经导线流向电源的负极,电子流动的方向正好相反。所以锌做负极、铜为正极。从刚才的实验中我们发现电流计指针也是偏向铜(正极)的,说明电流计指针偏转的方向和导线中电子流动的方向是一致的。

【小结】　判断 Cu—Zn 原电池的正负极我们可以从以下几个角度:负极——电子流出的电极(由电流计指针偏转的方向可知)、失电子,所以发生氧化反应、在氧化还原反应中应该是更活泼的金属(还原剂);正极的情况和负极正好相反。

【设计意图】　用已知的电池作参照,引导学生在已有经验的基础上,结合实验中电流计指针的偏转方向进行实证推理,并且结合氧化还原反应归纳判断原电池正负极的方法。

实验五:怎样让玩具车再次跑动起来?

【学生实验4】　模拟 Cu—Zn 原电池,自选材料,设计一个新的原电池,再次让玩具车向前跑动起来,并分析产生电流的原因。

实验用品:电流计(导线)、镁片、石墨片、铜片、NaCl 溶液、稀硫酸。

【介绍】　形形色色的电池和中国首创的氢燃料电车。

【设计意图】　玩具车的第一次跑动是教师提供安装好的铜锌原电池,在课堂的结尾处让学生自选材料、自行组装新的原电池,既是检验和落实学生对于原电池工作原理的理解,首尾呼应;也是迎合了学生掌握新知识后跃跃欲试的心情。当学生们用自己设计的原电池让玩具车再次跑动起来后,那种成功的喜悦不言而喻。紧接着介绍生活中形形色色的电池和中国首创的氢燃料电车,不仅让学生再次感受随着科技的发展,我们可以尝试将自发发生的氧化还原反应的化学能通过原电池装置转化为源源不断的电能,同时也开拓了视野,感受到原电池的应用价值和前景。

(四)"玩"好实验的教学反思

化学是以实验为基础的学科,学生对化学的喜爱也往往源自于实验。要让学生不仅想"玩",而且"玩"不释手,就要从学生已有知识和经验出发,想学生所想,想学生所需,充分发挥好化学实验在教学中的功能。笔者认为可以选择合适的素材,通过巧妙的设计和运用,发挥实验的最大的功能和价值。以下是几点思考:

1."玩"得有新意

这里的新意可以理解为:实验对象生动、实验过程多样。生动的实验对象应该是贴近生活的,是既熟悉又陌生的,不仅能够抓住学生心理,吸引学生去"玩",而且能让学生"玩"不释手;多样的实验过程应该包含着不同的表现形式、思维方式,让学生在"玩"的过程中思路变得更开阔、更敏捷。本节课笔者选择的玩具车对学生来说是熟悉的、是生活化的,但是用"一滴管神秘液体"就让它跑动起来的原理却是陌生的,这足以引发学生的兴趣和"玩"下去的欲望。接下来笔者让学生从玩具车中电池转换到实验室中的装置,最后再要求学生组装一个新的原电池让玩具车再次跑动起来。通过学生动手实验、动脑思考、动嘴交流,师生互动、生生互动,在一层层拨开原电池神秘面纱的过程中,学生们始终处于一种积极的思维状态,在这样边"玩"边学的过程中,他们收获的不仅仅是知识和能力,还有对化学这门课的热爱。

2."玩"中有深意

法国科学家笛卡尔说:"最有价值的知识是关于方法的知识"。用实验中注重化学思维方法的渗透,可使学生的思路变得更开阔、更敏捷,解决问题的手段也变得更多样、更灵活。因此"玩"的过程中,不应只满足于对教材实验的探究分析,而是可以根据学情对课本实验进行必要的改进、补充和重组。比如对学生已知的实验可以化繁为简,对能够产生认知冲突的实验则进行化简为繁。本节课的重难点是铜锌原电池的工作原理。教材中提供的有关实验只有两个:一是把锌片和铜片平行的插入盛有稀硫酸溶液的烧杯中,观察现象;二是再用导线把锌片和铜片连接起来,在导线中间接入灵敏电流计,观察锌片、铜片和灵敏电流计发生的变化。本节课中,笔者简化了教材中的实验一,因为学生已经知晓该实验现象,并能给出科学的解释。实验二是引发学生认知冲突的点。围绕这一问题的解决,笔者增加了三个实验:铜锌原电池让玩具车跑动、拆装重组玩具车中的原电池和设计新的原电池让玩具车再次跑动。这看似大费周折的设计,却在不经意间突破难点,让学生在"玩"中观察、思考、推理、模仿、获取知识,更可以潜移默化地受到科学方法、科学态度和科学思想的教育,培养看问题、解决问题的良好的思维习惯,提升学科素养,而后者才是让人终生受益的品质。

3. 让"玩"从课内延伸到课外

课堂上教师引导学生通过"玩"解决学科问题,提升学科素养,但是"玩"的终点不应以一节课的结束而终止。教师适时的拓展可以为学生打开更加广阔的化学世界,将"玩"由课堂延伸到课外。在玩具车跑动的两次实验中,有的同学发现玩具车跑动的速度比较慢、距离或时间比较短、车中的电池携带不方便、使用不安全等。在此基础上笔者简要介绍电池的发展、形形色色的电池以及我国最新研究的成果——氢燃料电池车。感兴趣的同学还可以根据本节课所学的原电池的原理,研究各种电池的放电原理,或者选择其他的材料或设计各种原电池来测试产生电流大小等等。通过"玩"将课堂知识与生活实践紧密结合,激发学生自主去发现、去探究,体验学习的快乐和化学的魅力,笔者认为这才是"发挥实验功能,推进教学转型"的终极目标!

【案例3】　酸碱中和反应

教　材:《九年义务教育课本　化学》九年级第一学期(试用本)第5章第1节,上海教育
　　　　出版社

执教者:上海市黄浦区教育学院　张如欣

(一) 教学设计思路

本节课以氢氧化钠能与盐酸反应并伴随热量的产生为线索展开,教师带领学生去探寻反应放热背后的原因,借助于数字化实验从本质上理解酸碱中和反应的实质是酸中的氢与碱中的氢氧根结合生成水的过程,使学生能从物质的微观层面理解其组成、结构和性质的联系,能根据物质的微观结构预测物质在特定条件下可能具有的性质和可能发生的变化,能从宏观和微观相结合的视角分析与解决实际问题,认识化学变化的本质是有新物质生成,并伴有能量的转化,以帮助学生建构化学"微粒观""变化观"与"能量观";适时发展学生的"宏微结合、分类表征、变化守恒、模型认知、实验探究和创新意识"等化学学科核心素养。由于本节课是在崇明区借班上课,因此课的引入和结尾均以崇明的特产为情境展开,让学生深切感受到化学学科的"价值观"。

(二) 教学内容分析

本节课的教学内容是上教版第二学期第5章《初识酸和碱》中第1节《生活中的酸和碱》。学生对于氢氧化钠与盐酸能够反应在第1章《化学使世界更美好》中已经有初步了解,但是并不知道反应的本质,教师通过实验唤起学生的记忆,并不断地通过问题链,如:"没有酚酞是否反应不进行?""放热背后的原因是什么?""如何通过实验证明?""反应物量的多少与放出热量的关系?"从而使学生由特殊到一般,逐渐认识到酸碱中和反应的过程,引导学生认识复分解反

应的本质。

(三) 教学目标

1. 知识与技能

(1) 知道中和反应的概念、放热特征；

(2) 书写常见的中和反应的化学方程式；

(3) 知道常见的中和反应在生活中的应用。

2. 过程与方法

通过数字化实验，体验数据处理和分析的一般过程，获得化学变化的规律。

3. 情感态度与价值观

通过酸碱中和反应在生活中应用，了解其重要的意义。

(四) 教学重点、难点

1. 教学重点

中和反应的概念。

2. 教学难点

中和反应的概念的内涵和特征。

(五) 教学流程图

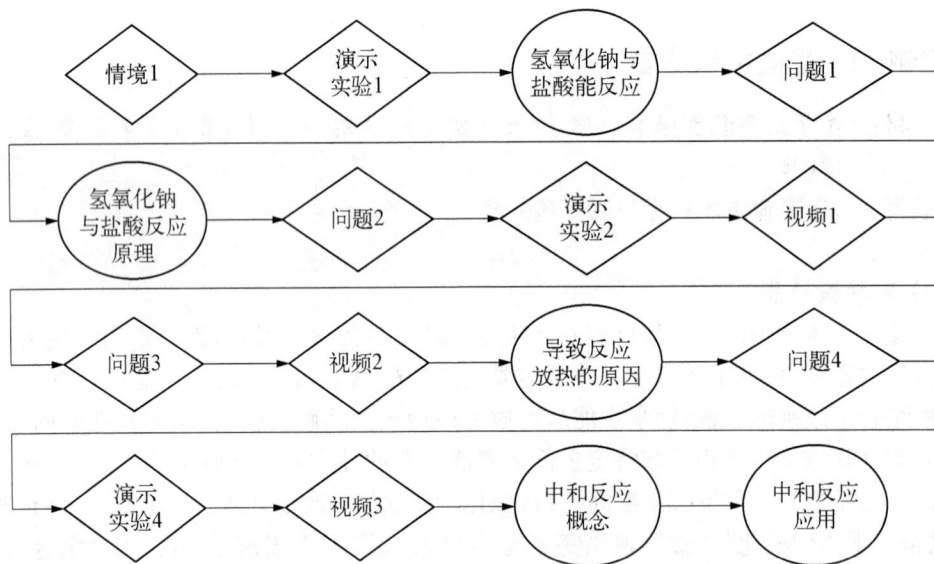

```
情境1 → 演示实验1 → 氢氧化钠与盐酸能反应 → 问题1
                                              ↓
氢氧化钠与盐酸反应原理 → 问题2 → 演示实验2 → 视频1
  ↑                                           
问题3 → 视频2 → 导致反应放热的原因 → 问题4
                                        ↓
演示实验4 → 视频3 → 中和反应概念 → 中和反应应用
```

(六) 教学流程图说明

设计目标1：根据已有科学知识、生活经验，回忆氢氧化钠与盐酸的反应。

——情境1：通过崇明特产金瓜(适宜的土壤最好为中性)，引入课题。

设计目标2：演示实验1(教材P12)证明氢氧化钠能与盐酸反应。

——问题1：现象及酚酞试液变色的原因？

设计目标3：进一步认识氢氧化钠与盐酸反应的原理。

——通过举例反应类似交换舞伴的过程，使学生理解两者的反应原理。

设计目标4：氢氧化钠与盐酸之间的反应需借助指示剂才能判断。

——问题 2：如没有酚酞试液，氢氧化钠与盐酸是否能反应？

设计目标 5：无明显现象的反应的证明（需借助其它试剂等）方法。

——演示实验 2：氢氧化钠溶液中滴入盐酸（与演示实验 1 的实验药品等体积等浓度，不滴加酚酞试液）。

设计目标 6：化学变化经常伴随着能量的变化。

——视频 1：红外热成像拍摄的氢氧化钠与盐酸反应的放热过程。

设计目标 7：猜测导致反应放热的可能原因。

——问题 3：反应的过程类似交换舞伴。放热可能是只与酸中的氢与碱中的氢氧根主动结合有关；放热可能只与碱中的钠与酸中的氯主动结合有关；放热可能与酸中的氢与碱中的氢氧根主动结合、碱中的钠与酸中的氯主动结合都有关。

设计目标 8：放热和碱中的钠与酸中的氯主动结合无关。

——视频 2：测定硫酸钠中滴加氯化钙；碳酸钠中滴加氯化钾的温度变化。

（引导学生分析为何选择上述药品？）

设计目标 9：分析演示实验 2 中溶液的 pH 与温度变化。

——问题 4：酸中的氢与碱中的氢氧根主动结合导致反应放热。猜测何时达到热量最大值？

设计目标 10：进一步证明放热和酸中的氢与碱中的氢氧根主动结合有关。

——演示实验 4：氢氧化钠溶液中滴加盐酸的温度变化与 pH 变化。

设计目标 11：探究生成水的量与放出热量的关系

——视频 3：20 mL 不同浓度的氢氧化钠溶液中加入 20 mL 不同浓度的盐酸，测定温度变化。

设计目标 12：中和反应在生活中的应用。

——问题 5：如何处理情境 1 中的问题？

缓解食用过多糯米食品引起胃泛酸的原理。

（七）教学反思

本节课的教学设计是在工作室陈伟红老师的一节《酸碱中和反应》的基础上，根据上课班级的学情进行修改的。上课的班级是崇明三星学校的学生，之前从未见面，因此以学生最为熟悉的崇明特产金瓜对土壤的酸碱性要求作为引入，然后在此基础是开展酸碱中和反应的特征、实质、概念的教学。氢氧化钠与盐酸的反应在教材第 1 章就出现，对于学生而言这个反应是熟悉的陌生人。

本节课的设计首先建立在学生已有知识与经验的基础上，复习氢氧化钠与盐酸能够反应，继而引出陌生的知识反应放热，围绕热量从哪里来？探究反应的实质并建立概念展开应用。把重点难点放在理解酸碱中和的实质，借助于数字化实验呈现的图像变化让学生感受到现象背后的原理。通过课中的几个反馈，学生的认知情况良好，基本都能顺利地分析列举的几个中和反应的产物。因此在初中阶段，合理有效地开展数字化实验，充分挖掘实验资源，努力在常态化的实验教学过程中重视"科学精神与严谨态度，及时记录与习惯培养，有效观察与积极思考，规范操作与准确表达，捕捉信息与创新意识"五个方面工作。

本节课为了化解难点，在某些环节处理上，教师通过问题的层层递进，引发学生思考、解决问题。如测定硫酸钠中滴加氯化钙；碳酸钠中滴加氯化钾的温度变化的实验中，提出问题："茫茫试剂大海中为什么选择这四种药品?"学生开始很茫然,教师带领学生朗读四种药品的名称,把重音放在"氯"和"钠"着两个字上,并且通过 PPT 上这两张元素颜色的变化,引发学生思考选择这四种药品的目的是为了证明放热和碱中的钠与酸中的氯主动结合无关,为学生今后设计实验选择药品打下分析、思考的基础。

通过本节课也让学生认识到科学探究是进行科学解释和发现、创造和应用的科学实践活动;能发现和提出有探究价值的问题;能从问题和假设出发,依据探究目的,设计探究方案,运用化学实验、调查等方法进行实验探究;勤于实践,善于合作,敢于质疑,勇于创新,并为教师今后在教学中如何在概念教学中,建构学科核心观念提供了借鉴。

【案例 4】　基于化学核心观念的建构的创新实验设计
——简易热重分析仪测定胆矾中结晶水含量

教　材: 《高级中学课本　化学》高中二年级第一学期(试用本)第 10 章第 2 节,上海科学
　　　　技术出版社

设计者: 上海市外国语大学附属大境中学　冯晴

在传统的化学教学设计中,过分强调学科的知识体系,使得化学被一个个元素符号、化学反应方程式、化学定律、化学反应现象等所代替。学生在学习的过程中记忆了大量的知识,考试过后却很快地把知识遗忘,经过了几年的化学学习后,留在学生头脑中的仅仅是一些事实性的知识,或者连事实性的知识也没有。至于化学学科的基本素养更无从谈起。反思我们的教学,从本质上讲,其实学生就从未"学会"过。学生"学会"与否与教师的教学设计有直接的关系。在传统的教学设计中,教师没有注意引导学生发展其深层理解力。学生虽然学习了大量的事实性知识,却没能达到可迁移应用的水平。什么样的知识才具有迁移价值呢? 美国课程专家 H. Lynn Erickson 在其《概念为本的课程与教学》中阐述了这样的观点:核心观念具有超越事实的持久价值和迁移价值;课程内容应该围绕各学科的核心观念进行选择;学习不是事实性知识量的积累,而是思维能力的提升。Erickson 提出课程设计要围绕核心观念进行,所说的核心观念,就是指我们通常所说的学科基本观念。化学学科中的基本观念是指通过理解化学学科的基本特征而抽象出的化学学科的基本思想方法和核心的认识构架,如分类观、能量观、微粒观、元素观、变化观、价值观等。在此基础上进一步抽象出的基于事实性知识的观念性理解,称之为基本理解。

化学是一门以实验为基础的自然科学,正如著名化学家傅鹰先生所说:"化学是实验科学,只有实验才是最高法庭。"所谓化学实验,是指化学科学研究者根据一定的实验目的,运用一定的实验仪器、设备和装置等物质手段,在人为的实验条件下,改变实验对象的状态和性质,从而获得各种化学实验事实的一种科学实践活动。

化学实验探究应突出以下三个方面:① 提出探究价值的化学问题;②"动手"与"动脑"紧密结合;③ 过程与结果并重。

在上科版化学高中二年级第一学期(试用本)中的第 10 章第 2 节中胆矾中结晶水含量测定是一个重要的定量实验,学生实验操作过程中,操作要求较高,易产生误差;恒重操作又比较耗时,使学生无法完成实验。

为解决以上问题,利用数字化技术对该实验进行改进。在加热的过程中,分别利用温度传感器和称量模块同时测得温度和质量的数值,绘制硫酸铜晶体失重—温度(TG)图像。通过数字化的改进,简化了恒重操作,缩短了实验时间,实验结果更精确,令课堂教学更为高效。从本质上提升学生化学观念,尤其是实验观构建的有效性。

(一) 实验目的

(1) 了解简易热重分析仪的结构、工作原理。

(2) 利用简易热重分析仪测定胆矾的结晶水含量。

(二) 实验原理

$CuSO_4 \cdot 5H_2O$ 是蓝色晶体,三斜晶系,在不同温度下逐步失水:

$$CuSO_4 \cdot 5H_2O \xrightarrow{375K} CuSO_4 \cdot 3H_2O \xrightarrow{386K} CuSO_4 \cdot H_2O \xrightarrow{531K} CuSO_4$$

当硫酸铜加热到923K时,即分解成CuO:

$$CuSO_4 \xrightarrow{923K} CuO + SO_3 \uparrow$$

应用专业的热重分析仪对胆矾进行热重分析,可以得到如图4-31所示。

由于该仪器可以边加热边称量,可省略恒重操作中冷却这一步骤。当 TG 图像中,在250~300℃附近,失重率随着温度变化不再变化,且维持一段时间,即为加热、冷却、称量后的所得的质量一段时间内不再改变,符合连续两次称量结果相差不超过0.001 g的恒重操作标准。

然而热重分析仪价格昂贵、原理复杂、操作繁复,不适合高中学生。故笔者利用高中化学实验室中常见的电子天平,略加改造,自制简易热重分析仪。设置加热温度上限为300℃,确保胆矾分解的同时,硫酸铜不会分解。在加热的过程

图 4-31　TG 曲线

中,分别利用温度传感器和称量模块同时测得温度和质量的数值,并利用设计的软件,对实验数据进行处理,绘制硫酸铜晶体失重—温度(TG)图像。当 TG 图像中失重率随着温度变化不再变化时,记录结晶水含量 n 值以及误差值。

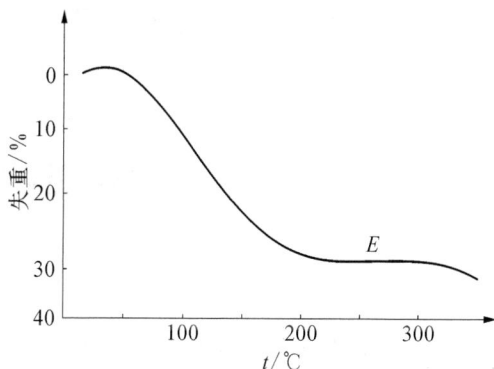

(三) 实验仪器及试剂

实验仪器:计算机(安装自制软件)、简易热重分析仪(带无线通信模块)、坩埚、药匙、研钵、石棉网、坩埚钳。

实验试剂:硫酸铜晶体(AR)。

(四) 实验仪器简介

1. 简易热重分析仪的改造

(1) 利用高中常见电子天平一台,在底部内腔电路板焊接电子控温加热模块,在称量模块附件安装一个温度传感器,并将温度传感器(称量模块附件1个、加热模块附件1个)、电热丝加热模块、数据接口,电源依次焊接。

(2) 在电子天平背部开两个3 cm×3 cm口,安装金属支架,在支架上放置金属保温装置。

金属保温装置内衬石棉,中间开直径为 1 cm 的洞。去除电子天平上盖,更换工程塑料上盖,并开 5 cm×5 cm 口,在上盖依次安装保温层(石棉)、电热丝加热模块、金属散热板。

(3) 去除原有称量盘,更换为中间段为聚四氟乙烯的金属杆,金属杆上端伸入金属保温装置内,并连接称量盘,保证金属杆不触碰金属保温装置。

将无线通信模块连接电子天平尾端 232 数据接口,并在电脑 usb 接口上连接接收器,软件上输入对应网络参数,进行无线连接操作。

(4) 设计专业软件,该软件可对实验中样品质量及温度数据进行无线接收、处理以及图像绘制,设置电热丝加热模块升温速率以及升温上限,并远程控制装置开关及温度补偿(见图 4-32)。

图 4-32　简易热重分析仪及软件

2. 实验装置的特点

(1) 将加热装置处于称量装置上方,利用热空气上升的原理进行散热(见图 4-33)。

图 4-33　加热、散热装置

(2) 在加热装置外围包裹石棉进行隔热(见图 4-34)。

(3) 加热装置与称量装置间用聚四氟乙烯连接进行隔热(见图 4-35)。

(4) 为了确保加热时,称量模块没有明显的温度变化,我们在称量模块中安装了一个温度传感器,实时监测称量模块的温度变化(见图 4-36)。

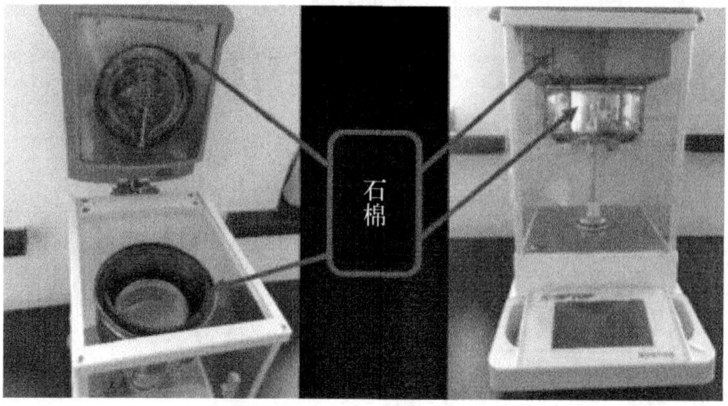

图 4 - 34　石棉进行隔热

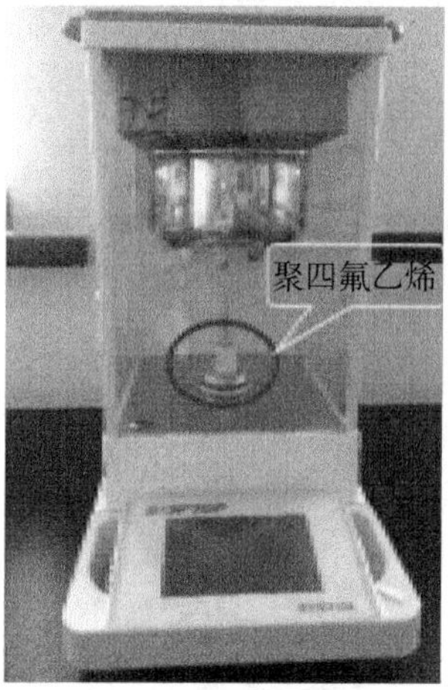

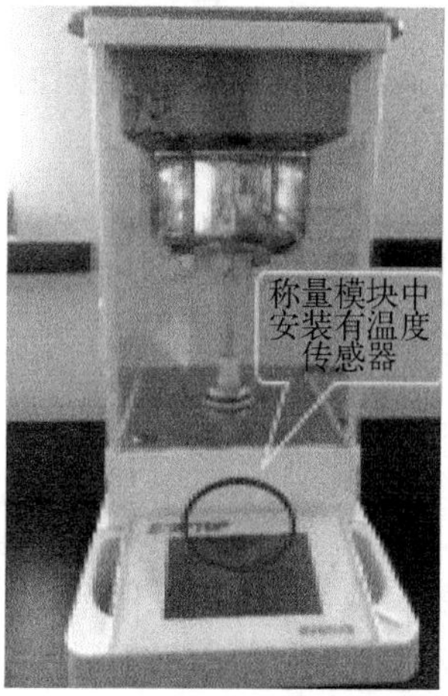

图 4 - 35　聚四氟乙烯隔热装置　图 4 - 36　监测用的温度传感器位置

3. 软件开发

（1）在测量硫酸铜质量和加热装置内温度的同时,利用称量模块附件温度传感器监测称量模块的温度,保证实验过程中称量模块的温度无明显变化,对实验所得样品质量的数据无影响(见图 4 - 37)。

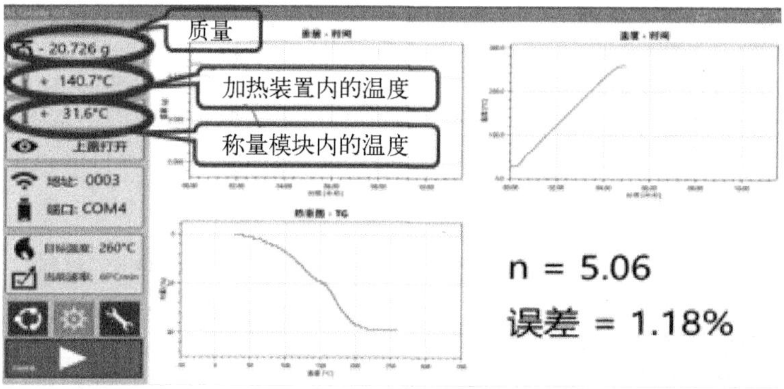

图 4 - 37　软件中实时测量数据

(2) 通过无线模块,利用软件对仪器进行加热温度的设置,及开关控制(见图4-38)。

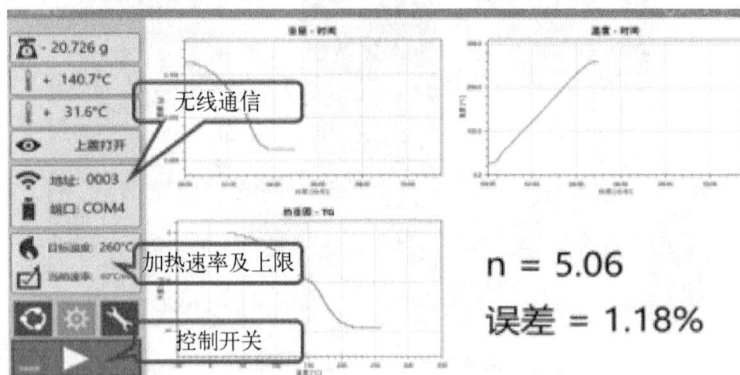

图4-38   软件中远程控制操作按钮

(3) 对实验数据进行实时监控,绘制硫酸铜晶体重量—时间、温度—时间及失重—温度(TG)图像(见图4-39)。

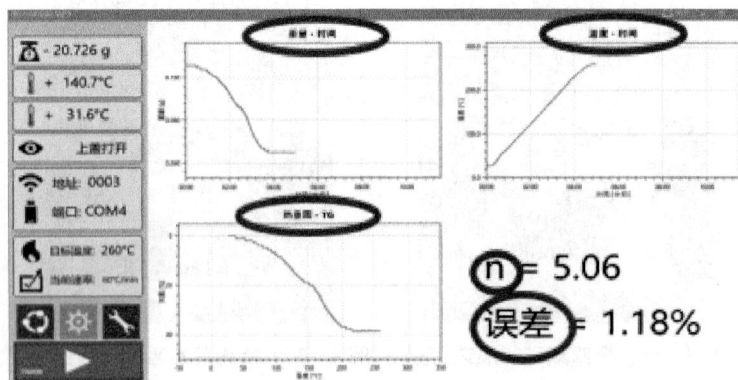

图4-39   软件中所得实验结果及实验数据图像

(4) 通过加热坩埚的对照试验,利用软件对实验称量进行温度补偿,避免电子天平测量的体系误差(见图4-40)。

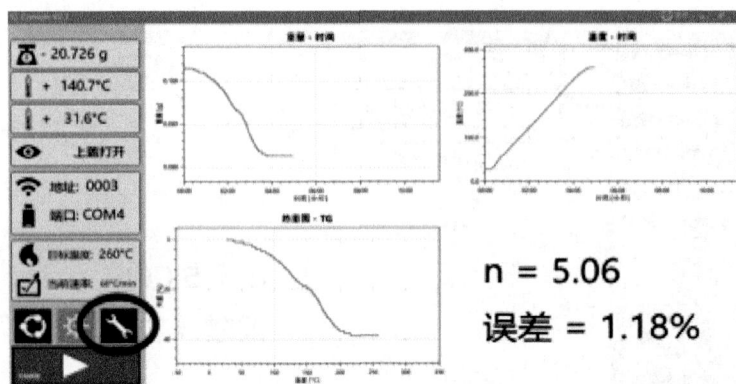

图4-40   软件中温度补偿操作按钮

（五）实验操作

（1）取一坩埚，放入简易恒重热重分析仪，打开电脑中软件和简易恒重热重分析仪，设置温度上限为 300℃，升温速度为 25℃/min，单击"加热"。

（2）待温度上升至 300℃，单击"停止"，获得空白实验图像，用以温度补偿。

（3）在干燥器中冷却该坩埚。

（4）研磨胆矾晶体。

（5）将坩埚放入简易恒重热重分析仪，向坩埚中加入约 0.1 g 胆矾，设置温度上限为 300℃，升温速度为 25℃/min，单击"加热"。

（6）待温度上升至 300℃，单击"停止"，获得 TG 图像，并单击"温度补偿"，获得最终 TG 图像。

（7）根据 TG 图像，在胆矾完全失水时的温度范围，当质量不再发生变化，找到对应失重百分含量。

（六）改进的意义

（1）利用数字化实验对传统实验加以改进，通过对实验装置的改进，减小了实验误差；通过软件的设计，能够直观地观察到硫酸铜晶体在加热的过程中质量的变化过程，充分利用胆矾分解时温度变化的特性，简化了恒重操作，令课堂教学更为高效。

（2）节约实验试剂用量，做到实验的微量化，同时通过设计的软件，将实验过程中胆矾的质量变化呈现给学生，让学生能直观地观察到实验的过程。

（3）缩短实验时间，教师在处理该课程时，由于课堂容量原因，往往在第一课时中只能介绍实验原理，装置及操作要点，很难在课堂演示实验，学生对于该实验没有一个从理性认识到感性认识的过程。

（4）设计无线传输技术，将原本对环境要求较高的电子天平带进课堂。如果因为课堂环境原因，使称量结果不稳定，完全可以课前将该装置防止在某一稳妥的地方，事先在坩埚中加入胆矾，课上对装置进行无线控制。因为对于学生而言，主要学习的是胆矾加热的过程而并非该装置。

（5）改进的装置由电子天平配套恒温加热装置改造所得，具有一定的推广性。

（6）改进的装置还可用于其他样品的热重分析，如碳酸氢钠受热分解等。

参 考 文 献

［1］林崇德.21世纪学生发展核心素养研究［M］.北京：北京师范大学出版社,2016.

［2］张大均.教育心理学［M］.北京：人们教育出版社,2011.

［3］钟启泉,汪霞,王文静.课程与教学论［M］.上海：华东师范大学出版社,2008.

［4］裴娣娜.教育研究方法导论［M］.合肥：安徽教育出版社,2000.

［5］皮连生.教育心理学［M］.上海：上海教育出版社,2011.

［6］崔允漷,周文胜.基于标准的课程纲要和教案［M］.上海：华东师范大学出版社,2014.

［7］黄希庭,张志杰.心理学研究方法［M］.北京：高等教育出版社,2010.

［8］黄济,王策三.现代教育论［M］.北京：人民教育出版社,2012.

［9］刘知新.化学教学论［M］.北京：高等教育出版社,2009.

［10］王祖浩,张若天.化学问题设计与问题解决［M］.北京：高等教育出版社,2003.

［11］吴俊明,王祖浩.化学学习论［M］.南宁：广西教育出版社,2007.

［12］王磊.化学教学研究与案例［M］.北京：高等教育出版社,2006.

［13］毕华林,亓英丽.化学教学设计：任务、策略与实践［M］.北京：北京师范大学出版社,2013.

［14］毕华林,亓英丽.高中化学新课程教学论［M］.北京：高等教育出版社,2005.

［15］郑长龙.化学实验课程与教学论［M］.北京：高等教育出版社,2009.

［16］郑长龙.化学课程与教学论［M］.长春：东北师范大学出版社,2005.

［17］周公度.化学是什么［M］.北京：北京大学出版社,2011.

［18］闫蒙钢.化学教育科学研究方法［M］.合肥：安徽人民出版社,2008.

［19］王后雄.高中化学新课程教学案例研究［M］.北京：高等教育出版社,2008.

［20］周青.化学教学设计与案例分析［M］.北京：科学出版社,2014.

［21］周青.化学学习论［M］.北京：科学出版社,2010.

［22］黄梅,李远蓉,宋乃庆.化学教学策略论［M］.北京：科学出版社,2013.

［23］吴星.化学新课程中的科学探究［M］.北京：高等教育出版社,2003.

［24］梁永平.理科教师教学行为发展研究［M］.北京：高等教育出版社,2007.

［25］王云生.王云生的中学化学教学主张［M］.北京：中国轻工业出版社,2014.

［26］汪朝阳,肖信.化学史人文教程［M］.北京：科学出版社,2010.

［27］教育部.普通高中化学课程标准(2017年版)［M］.北京：人民教育出版社,2018.

［28］上海市教委.上海市中学化学课程标准［M］.上海：上海教育出版社,2004.

［29］姚子鹏.高级中学课本化学高中二年级第一学期(试用本)［M］.上海：上海科学技术出版社,2007：27-30.

［30］北京师范大学,华中师范大学,南京师范大学,无机化学教研室.无机化学(下册)第四版［M］.北京：高等教育出版社,2003：708.

［31］北京师范大学,华中师范大学,南京师范大学,无机化学教研室.无机化学(下册)第四版［M］.

北京：高等教育出版社,2003：709.

[32] 傅兴春.化学学科思想[M].福州：福建教育出版社,2017.

[33] 叶佩玉.中学化学教学设计[M].上海：上海教育出版社,2016.

[34] 徐光先.今日化学何去何从[J].大学化学,2003(1)：1-6.

[35] 徐光宪.21世纪化学的前瞻[J].大学化学,2001(1)：1-6.

[36] 宋心琦,胡美玲.对中学化学主要任务和教材改革的看法[J].化学教育,2001(9)：9-12.

[37] 宋心琦.再谈中学化学实验教学改革(下)——在《化学教学》"中学化学实验教学高级研修班"上的讲话[J].化学教学,2013(4).

[38] [美] R.J.吉利斯皮.化学中的主要观念[J].武永兴,译.化学教育,1998(4)：3-6.

[39] 黄芳.美国《科学教育框架》的特点及启示[J].教育研究,2012(8)：143-147.

[40] 卢巍.对化学基本观念及"观念建构"教学的认识[J].当代教育科学,2010(18).

[41] 毕华林,崔素芳.促进"观念建构"的化学教学设计[J].中学化学教学参考,2011(8).

[42] 毕华林,万延岚.化学基本观念：内涵分析与教学建构[J].课程·教材·教法,2014(4)：76-83.

[43] 王磊,姜言霞.高中化学课程目标的国际比较研究[J].比较教育研究,2014(6)：87-110.

[44] 王磊.基础教育课程改革10年的展望与反思(上)[J].化学教育,2010(5)：20-24.

[45] 孙可平.科学教学中模型/模型化方法的认知功能探究[J].全球教育展望,2010(6)：76-81.

[46] 高剑南.试论化学核心知识与化学学科意识[J].化学教学,2004(3)：1-2.

[47] 梁永平.化学科学理解的视角及其核心观念[J].化学教育,2011(6)：4-7.

[48] 吴俊明,吴敏.为什么要关注科学观念——关于科学观念和科学教育的思考之一[J].化学教学,2014(4)：3-6,13.

[49] 吴俊明,吴敏.为什么要关注科学观念——关于科学观念和科学教育的思考之二[J].化学教学,2014(5)：3-6,28.

[50] 吴俊明.关于核心素养及化学学科核心素养的思考与疑问[J].化学教学,2016(11)：3.

[51] 张丙香,毕华林.化学三重表征的界定及其关系分析[J].化学教育,2013(3)：8-11.

[52] 朱玉军.中学化学基本观念探讨[J].中国教育学刊,2013(11)：70-74.

[53] 王云生.探索课堂学习活动设计 落实核心素养培养要求[J].化学教学,2016(3).

[54] 韦新平.国内化学观念与促进观念建构的教学研究述评——以《化学教育》《化学教学》和《中学化学教学参考》2003—2013年文献为例[J].化学教学,2014(9)：20-23.

[55] 吴星.对高中化学核心素养的认识[J].化学教学,2017(5)：3-7.

[56] 卢国田,杭亚萍.基于化学学科观念的化学课堂教学——以"弱电解质的电离平衡"为例[J].化学教学,2016(3)：45-48.

[57] 肖中荣.促进学生化学观念建构的课堂教学策略[J].化学教育,2013(1)：38-41.

[58] 刘丽君.帮助学生建构知识网络和方法体系的实验复习——以"测定1 mol气体的体积"复习为例[J].实验教学与仪器,2013(1)：18-19.

[59] 孙黎颖,白立根."测定1 mol气体的体积"实验教学案例的中英比较[J].化学教学,2014(12)：60-63.

[60] 陈风雷."最简单的有机化合物——甲烷"教学实录及反思[J].化学教学,2015(3)：32-36.

[61] 陈长应.结合化学史挖掘教材的教学价值[J].中学化学教学参考,2008(11)：38-40.

[62] 陈芊阳,于颖.用热重分析法对硫酸铜晶体的研究[J].丹东纺专学报,2001,8(3)：1-2.

［63］教育部.基础教育课程改革纲要(试行).教育部门户网站.2001 年 6 月 8 日.

［64］姚晓红.基于 IMMEX－C 学生化学问题解决能力的评价研究［D］.上海华东师范大学,2012.

［65］范晓琼.观念建构为本教学的理论研究及其在高中化学新课程中的实施［D］.北京：北京师范大学,2005.

［66］杜明成.关于中学化学基本观念的初步研究［D］.济南：山东师范大学,2006.

［67］张毅强.观念建构为本的化学教学设计的理论与实验研究［D］.北京：北京师范大学,2007.

［68］翟修华.基于观念建构的高中化学教学理论与实践研究［D］.福州：福建师范大学,2016.

［69］吴峰.基于基本观念建构的化学教学设计研究［D］.济南：山东师范大学,2008.

［70］马亮.促进初中生元素观建构的实践研究［D］.太原：山西师范大学,2010.

［71］吴平平.基于观念建构的高中化学教学设计个案研究［D］.扬州：扬州大学,2016.

［72］叶茂恒.基于化学基本观念的问题解决研究初探［D］.成都：四川师范大学,2015.

［73］王霞.基于学科观念的高中化学"问题探究"教学实践研究［D］.南京：南京师范大学,2014.

［74］王凌静.运用实验探究教学建构学生化学学科观念的实践研究［D］.南京：南京师范大学,2015.

［75］席璐.高中化学学科观念形成现状调查及教学策略研究［D］.武汉：华中师范大学,2016.

［76］陆妍春.基于实验教学促进初中生化学核心观念形成的研究［D］.上海：上海师范大学,2016.

后　　记

　　基础教育阶段的化学课程是落实立德树人根本任务、弘扬科学精神、提升学生核心素养的重要载体。基于核心观念建构的教学是落实化学学科核心素养的重要途径，教学实践中要结合人类探索物质及其变化的历史与化学科学发展的趋势，引导学生进一步学习化学的基本原理和方法，形成化学学科的核心观念；要培养学生用化学学科观点、思路和方法认识物质及其变化规律的能力，使学生能从化学学科独特的视角来分析事物和解决问题，逐步建构化学学科的核心观念，使学生具备化学观念应当成为化学教学有意义的价值追求。化学观念建构教学价值体现在不同层面，从学生认知的层面来看，化学观念具有持久与迁移价值，能发展学生的思维，促进有意义的学习；从课程与教学的角度来看，是精简课程内容的有效途径，有利于促进教师专业发展，衔接初中、高中与大学化学教学。研究中学化学核心观念既是提高学生化学学科核心素养的需要，也是促进学生终生发展的需要；既是改变学生学习方式的需要，也是促进学生对知识的理解和转化的需要。但在实践中观念建构的化学教学还缺乏可操作性的理论依据；有关观念建构的教学设计，其相应的教学实践仍比较缺乏。

　　为此，黄浦区姚晓红、夏向东化学名师工作室主持承担了 2016 年上海市黄浦区重点教育科研课题——"基于化学核心观念建构，体现育人价值的课堂实践研究"。本课题借鉴已有的研究成果，针对中学化学核心观念这一领域，采用了文献研究，特别是案例研究方法，丰富了基于化学核心观念建构的教学实践。工作室的五位学员：张如欣、陈伟红、姚澄、陆莉萍和冯晴分别开展了教学实践研究。在此研究过程中，工作室的合作主持人姚晓红老师也给予了学员们的精准的专业指导，学员们通过实践性课题研究，他们的专业能力得到了较大的提升。

　　本书是集体研究的智慧结晶，在课题研究过程中还得到了上海市教研室原主任、特级教师孙元清老师，上海市特级教师张长江、吴峥和徐睿等老师的精心指导，在此一并致谢，同时也真诚地感谢上海交通大学出版社编辑为本书出版付出的大量心血。

　　由于本人学术水平和写作能力有限，书中存在的不妥及错误之处，恳请广大读者批评指正。

夏向东
2018 年 6 月于黄浦南园